Pristna kι knjiga japonskih receptov

Odkrijte okuse Japonske s 100 tradicionalnimi jedmi

Tina Zupan

Kazalo

UVOD

Japonska kuhinja je ena najstarejših na svetu z raznoliko in bogato kulinarično zgodovino. Japonski recepti se razlikujejo glede na regijo, vendar lahko v njih najdete veliko žitnih zrn, sojinih izdelkov, morskih sadežev, jajc, zelenjave, sadja, semen in oreščkov. Zaradi obilice morske hrane in vpliva budizma na družbo se piščanec, govedina, jagnjetina in svinjina uporabljajo zmerno. Japonska kuhinja je tudi izjemno hranljiva, zdrava in energijsko bogata. Ne glede na to, ali iščete jedi, kuhane na pari, dušene jedi, jedi z žara, globoko ocvrte jedi ali jedi s kisom, boste našli široko paleto možnosti.

JAPONSKI RECEPTI

1. Tempura iz jajčevcev z arašidovo omako

sestavine

omaka

- 2 rdeča čilija (majhna)
- 10 žlic arašidovega olja
- 6 žlic tahinija
- 2 žlici svetle sojine omake
- 2 žlici rdečega vinskega kisa

Jajčevci in testo

- 8 jajčevcev (majhni čvrsti belo-vijolični jajčevci po cca. 80 g)
- 400 gramov moke
- 4 žlice rastlinskega olja
- 2 žlici vinskega kamna pecilni prašek
- 600 mililitrov gazirane vode (ledeno mrzle)
- Rastlinsko olje (za globoko cvrtje)

Deco

- 2 mladi čebuli
- 2 žlički sezamovih semen (belih)

priprava

Za omako

1. Papriko očistimo in operemo, po dolžini prerežemo na pol in odstranimo semena. Papriko narežemo na koščke, ki jo v možnarju drobno stremo z arašidovim oljem. Zmešajte čilijevo olje, tahini, sojino omako in kis.

ZA jajčevce in testo

2. Jajčevce očistimo, oplaknemo, osušimo in jih po dolgem razrežemo. Z metlico

zmešamo moko, olje, pecilni prašek in mineralno vodo, da dobimo gladko testo za tempuro.

3. V veliki ponvi segrejte olje za cvrtje na pribl. 160-180 stopinj. Najbolje je, da koščke jajčevca s pinceto ali vilicami (za praline) povlečete skozi maso za tempuro in jih previdno stresete v vroče olje. Pečemo po porcijah na zmernem ognju cca. 4 minute, dokler niso zlato rjave in hrustljave. Povlecite iz olja z žlico z režami in pustite, da se na kuhinjskem papirju na kratko odcedi.

Za okras

1. Mlado čebulo očistimo, operemo, razpolovimo in narežemo na zelo drobne trakove. Postavite v hladno vodo, dokler ni pripravljen za serviranje.

2. Tempuro iz jajčevcev z malo omake razporedimo po krožnikih, potresemo z nekaj lističi mlade čebule in sezamovimi semeni. Postrezite takoj.

2. Miso krompir z zelenimi šparglji

sestavine

- 500 gramov krompirja (trojčki)
- 400 mililitrov dashija
- 100 gramov suhih šitak
- 4 žlice misa (lahka pasta)
- 500 gramov zamrznjenega edamama
- 10 zelenih stebel špargljev
- 2 šopka redkvice
- Sol
- 2 žlici riževega kisa
- črni sezam

priprava

1. Krompir olupimo, operemo in prerežemo na pol. Segrejte dashi in shiitake, pustite počivati 10 minut. Šitake odstranite iz juhe z žlico z režami, ne uporabljajte jih več. V juho dodamo krompir in dušimo približno 10 minut. Dodajte miso, premešajte in kuhajte še 10 minut.

2. Medtem olupite edamame iz strokov. Šparglje operemo, olupimo spodnjo tretjino in odrežemo olesenele vršičke. Stebla špargljev narežemo na 4 enake kose. Redkvice očistimo, odstranimo mlade liste, redkvice operemo in razpolovimo ali razpolovimo, odvisno od velikosti. Liste redkvice dobro sperite pod mrzlo vodo in odstavite.

3. Zelenjavo razen redkvic dajte v soparnik. V primerno ponev vlijemo približno 1 cm vode in zavremo. Nastavek za kuhanje na pari previdno vstavite v ponev in zelenjavo pod zaprtim pokrovom dušite približno 6 minut, dokler ni al dente.

4. Dušeno zelenjavo vzamemo iz lonca, damo v skledo, zmešamo z redkvicami, soljo in

riževim kisom ter začinimo po okusu. Kuhan miso krompir postrezite s poparjeno zelenjavo in listi redkve. Po vrhu potresemo nekaj semen črnega sezama in postrežemo.

3. Dashi s hrustljavo zelenjavo

sestavine

zelenjava

- 1 korenček
- 6 stebel brokolija (divji brokoli, cca. 150 g; ali "Bimi", brokoli z dolgim pecljem)
- 2 stebli zelene
- 100 gramov kraljevih jurčkov (narezanih na tanke trakove ali rjave gobe)
- 1 mlada čebula
- 100 gramov sladkornega graha
- 20 gramov ingverja

- 150 gramov lotosovih korenin (na voljo kot zamrznjene rezine v azijski trgovini)

Juha

- 1 liter dashija
- 100 mililitrov sakeja
- 50 mililitrov mirina (sladko japonsko riževo vino)
- 2 žlici svetle sojine omake
- 4 žlice ingverjevega olja
- 4 stebla koriandra (za posip)

priprava

Za zelenjavo

1. Korenček olupimo in narežemo na drobne trakove. Brokoli operemo, stebla malo skrajšamo. Zeleno očistimo, odstranimo nitke, po potrebi operemo in zelo poševno narežemo na tanke rezine. Po potrebi bukove gobe odrežemo s podlage.
2. Mlado čebulo očistimo in operemo, prav tako diagonalno narežemo na kolobarje. Sladkorni grah očistimo in operemo, zelo velike stroke poševno razpolovimo. Ingver olupimo in narežemo na zelo drobne trakove.

Za Broth

1. Juho iz dashija zavrite in začinite s sakejem, mirinom, sojino omako in ingverjevim oljem. Pripravljeno zelenjavo in zamrznjene rezine lotosove korenine pustimo vreti na majhnem ognju približno 8 minut, dokler ne postanejo hrustljavi.

2. Koriander operemo in osušimo ter osmukamo liste. Dashi in zelenjavo razporedite v sklede, potresite s koriandrovimi listi in postrezite.

4. Sobski rezanci z ocvrtimi gobami

sestavine

- 200 gramov shiitake gob (malih, svežih)
- 1 rdeč čili
- 1 žlica lahke sojine omake
- 4 žličke riževega sirupa
- 6 žlic sezamovega olja (praženega)
- 200 gramov rožnatih gob
- 100 gramov enoki gob (različica z dolgim pecljem; v dobro založenih supermarketih ali na tržnici)
- 400 gramov soba (japonski ajdovi rezanci)
- 1 liter dashija
- 4 stebla koriandra (ali tajske bazilike).

priprava

1. Šitake očistimo in odrežemo suhe konce pecljev. Papriko očistite, oplaknite in narežite na tanke kolobarje (delajte s kuhinjskimi rokavicami). Zmešajte sojino omako, rižev sirup, čili in sezamovo olje ter nato zmešajte z gobami šitake. Pustite, da se strmi približno 30 minut.

2. Medtem očistimo gobe in jih narežemo na tanke rezine. Enoki gobam odrežite pecelj. Pripravite soba rezance po navodilih na embalaži.

3. Gobe šitake dajte v ponev in jih pražite približno 2 minuti. Segrejte juho iz dashija.

4. Končane rezance, ocvrte šitake, surove gobe in gobe enoki damo v sklede in prelijemo z vročo juho dashi. Koriander oplaknite, otresite in ga položite na testenine. Postrezite takoj.

5. Dashi juha

sestavine

- 4 trakovi listov alg (kombu alge, posušene morske alge; vsak približno 2 x 10 cm velik; npr. v ekološki tržnici ali azijski trgovini)
- 6 posušenih šitak (približno 15 g)

priprava

1. Algo kombu in šitake dajte v ponev z 1 litrom hladne vode. Vodo počasi segrevajte na približno 60 stopinj (delajte s termometrom). Lonec potegnite s kuhalne plošče. Pustite, da juha stoji pod pokrovom 30 minut.

2. Osnovo prelijte skozi fino cedilo in jo uporabite za druge recepte ali pa jo dobro zaprite v kozarcu z navojem v hladilniku. Juha iz dashija zdrži 3-4 dni.

6. Svileni tofu s pisanim korenjem

sestavine

- 1 čajna žlička črnega sezama
- 2 bio pomaranči
- 4 čajne žličke svetle sojine omake
- 2 čajni žlički limoninega soka
- 2 čajni žlički ingverjevega olja
- 5 žlic pomarančne marmelade
- 800 gramov bio korenja (rumena, rdeče-vijolična)
- sol
- žlica sezamovega olja (popečenega)
- 800 gramov svilenega tofuja

- 4 stebla tajske bazilike

priprava

1. V ponvi brez maščobe popražimo črni sezam, ki ga odstranimo. Pomaranče oplaknemo z vročo vodo, osušimo in drobno naribamo lupino. Pomarančo prepolovite in iz nje iztisnite sok. Zmešajte pomarančno lupinico in sok, sojino omako, limonin sok, ingverjevo olje in pomarančno marmelado ter začinite po okusu.

2. Korenje očistimo in olupimo ter narežemo na tanke, enakomerne palčke. V kozici zavremo vodo, v njej približno 2 minuti kuhamo korenčkove palčke, da so še hrustljave, nato jih odcedimo in na kratko stresemo v ledeno vodo. Palčke odcedimo, rahlo posolimo in premešamo s sezamovim oljem.

3. Tofu narežemo na 3 x 4 cm velike kose, razporedimo in pokapljamo s pomarančnim prelivom. Zraven tofuja položimo korenčkove palčke in jih potresemo s sezamom. Tajsko baziliko sperite, posušite, osmukajte liste in jih potresite po korenju.

7. Anko (pasta iz rdečega fižola)

sestavine

- 250 gramov adzuki fižola
- 200 gramov sladkorja
- vodo

priprava

1. Adzuki fižol v skledi prelijemo z vodo in pustimo namakati čez noč.
2. Naslednji dan odlijemo vodo in damo fižol v ponev. Zalijemo z vodo in enkrat zavremo.
3. Nato vodo odlijemo, fižol pa prelijemo s svežo vodo in kuhamo približno 60 minut do

mehkega. Dekantiranje poskrbi, da anko kasneje nima grenkega okusa.

4. Odlijemo vodo od kuhanja in jo nekaj poberemo. V fižol adzuki vmešajte sladkor, da se raztopi. Na koncu pretlačimo stročnice v pasto. Če je zmes pregosta, vmešamo malo vode za kuhanje.

8. Ramenska juha s hrenom

sestavine

- ½ palčke Allium (por)
- 1 čebula
- 2 stroka česna
- 80 gramov ingverja (svežega)
- 2 žlici olja
- 1 svinjska kolenica
- 1 kilogram piščančjih kril
- sol
- 2 kosa (alga kombu; posušena alga; Asia shop)
- 30 gramov posušene šitake
- 1 šopek mlade čebule
- 2 žlici sezamovih semen (svetlih)

- 1 list nori
- 6 jajc
- 300 gramov ramen rezancev
- 50 gramov misa (lahkega)
- 2 žlici mirina (japonsko belo vino)
- 65 gramov hrena
- Sezamovo olje (popečeno)

priprava

1. Por očistimo in operemo ter narežemo na večje kose. Čebulo in česen olupimo, čebulo narežemo na četrtine. 60 g ingverja operemo in narežemo na rezine. V ponvi segrejemo olje. V njem na močnem ognju svetlo rjavo prepražimo por, čebulo, česen in ingver.

2. Prepraženo zelenjavo z oprano svinjsko kolenico in piščančjimi peruti damo v večjo ponev in zalijemo s 3,5 litra vode. Vse skupaj počasi zavremo in na majhnem ognju brez pokrova dušimo približno 3 ure. Posnemite dvigajočo se peno. Po 2 urah juho začinimo s soljo.

3. Juho skozi gosto cedilo prelijemo v drugo ponev (približno 2,5–3 l). Mogoče juho malo razmastimo. Alge kombu obrišite z vlažno

krpo. V vročo juho dodajte gobe šitake in algo kombu ter pustite stati 30 minut.

4. Svinjski krač odstranimo s kože, maščobe in kosti ter ga narežemo na grižljaj velike kose. Za juho ne uporabljajte piščančjih perut (glejte nasvet).

5. Preostali ingver olupimo in narežemo na tanke trakove. Mlado čebulo očistimo in operemo, narežemo na drobne kolobarje in damo v hladno vodo. Sezamova semena prepražimo v suhi ponvi do svetlo rjave barve. Nori alge na četrtine narežemo, na kratko popečemo v suhi ponvi in narežemo na zelo drobne trakove. Jajca poberemo, kuhamo v vreli vodi 6 minut, speremo s hladno vodo, previdno olupimo. Testenine kuhamo v vreli vodi 3 minute, stresemo v cedilo, na kratko splaknemo s hladno, nato odcedimo.

6. Odstranite gobe in kombinirane alge iz juhe. Gobam odstranimo peclje, klobuke gob drobno nasekljamo, kombiniranih alg ne uporabljajmo več. Juho segrejte (ne zavrite). Primešamo miso pasto in mirin, dodamo sesekljane gobe šitake. Mlado čebulo odcedimo v cedilu. Hren olupimo.

7. Juho razdelite v sklede. Vanj damo svinjsko koleno, rezance, razpolovljena jajca, sezamova semena, ingver, mlado čebulo in nori alge. Postrezite z veliko sveže naribanega hrena in sezamovega olja.

9. Vložen ingver

sestavine

- 200 gramov ingverja
- 2 čajni žlički soli
- 120 mililitrov riževega kisa
- 2 žlički sladkorja

priprava

1. Najprej operemo in olupimo gomolj ingverja. Nato narežemo na zelo fine rezine.
2. Rezine ingverja zmešajte s soljo v skledi in pustite stati približno eno uro. Nato ingver potapkamo s kuhinjskim papirjem.

3. Rižev kis in sladkor na zmernem ognju zavremo, da se sladkor raztopi. Nato dodajte rezine ingverja in dobro premešajte.
4. Ingver z vročo osnovo nalijemo v sterilni kozarec in dobro zapremo. Vložen ingver mora stati približno en teden, preden ga lahko uporabite.

10. Ramen rezanci z ocvrto zelenjavo

sestavine

- 200 gramov korenja
- 200 gramov cvetače
- 200 gramov bučk
- 2 žlici olivnega olja
- sol
- 2 žlici sončničnih semen
- 10 palčk drobnjaka
- 180 gramov ramen rezancev (brez jajc)
- 1 kozarec ("Viva Aviv Dressing" za zelenjavo Spice Nerds in BRIGITTE; 165 ml)
- Poper (po možnosti sveže mlet)

priprava

1. Pečico segrejte na 220 stopinj, kroženje zraka 200 stopinj, stopnja plina 5.

2. Korenje, cvetačo in bučko očistimo in operemo ter narežemo na 2-3 cm dolge kose. Pomešamo z olivnim oljem in $\frac{1}{2}$ žličke soli ter položimo na pekač, obložen s papirjem za peko. Pečemo v vroči pečici približno 18-20 minut.

3. V ponvi brez maščobe prepražimo sončnična semena. Odstrani. Drobnjak operemo in osušimo, narežemo na kolesca. Testenine skuhamo po navodilih na embalaži. Segrejte zelenjavni preliv.

4. Testenine odcedimo in zložimo na krožnik s popečeno zelenjavo. Prelijemo s prelivom, potresemo z drobnjakom in sončničnimi semeni. Po potrebi začinimo s soljo in poprom.

11. Špargljev suši skleda s koriandrovim

lososom

sestavine

- 200 gramov basmati riža (ali dišečega riža)
- sol

omako

- 2 žlici (juzu sok, japonski limonin sok, glejte informacije o izdelku, alternativa limonin sok)
- 3 žlice sojine omake
- 1 čajna žlička sezamovega olja (praženega)
- 1 žlica ribje omake
- 3 žlice ketjap manisa

- ½ šopka drobnjaka
- 90 gramov shiitake gob (majhnih)
- 100 gramov redkvic (majhnih)
- 500 gramov zelenih špargljev
- ½ čajne žličke koriandrovih semen
- 3 kosi lososovih filejev (po 100 g, pripravljeni za kuhanje brez kože ali kosti)
- poper (sveže mlet)
- 2 žlici olja
- 6 (Cvetovi drobnjaka)

priprava

1. Riž skuhamo v rahlo osoljeni vodi po navodilih na embalaži ali v riževem kuhalniku. Kuhan riž hranimo na toplem.

Za omako

2. Zmešajte sok yuzu, sojino omako, sezamovo olje, ribjo omako in ketjap manis.
3. Drobnjak oplaknemo in osušimo, narežemo na kolesca. Gobe očistimo, porežemo peclje le na kratko, večje jurčke prerežemo na pol. Redkvice očistimo in oplaknemo, večje redkvice narežemo na rezine.
4. Šparglje oplaknite, olupite spodnjo tretjino, odrežite konce. Šparglje na kratko kuhamo

v vreli slani vodi 3-4 minute. Odcedimo, debele palčke po dolžini razpolovimo.

5. Koriander zdrobimo v možnarju. Kose lososa začinimo s soljo, poprom in koriandrom. V premazani ponvi segrejte 1 žlico olja. V njem na močnem ognju na vsaki strani 2-3 minute popečemo lososa. Zadnji 2 minuti prilijemo 1 žlico olja, dodamo gobe in popražimo. Dodajte 2 žlici omake in vse skupaj na kratko premešajte.

6. V sklede razporedite riž, šparglje, redkvice, gobe in lososa. Potresemo z drobnjakom in nekaj natrganih cvetov drobnjaka. Prelijemo s preostalo omako in postrežemo.

12. Rezanci iz lisičk s konjac rezanci

sestavine

- 250 gramov lisičk
- 300 gramov radiča
- 150 gramov koromača (mladi koromač)
- 30 gramov pinjol
- 1 šalotka
- 3 timijan
- 50 gramov slanine
- poper (sveže mlet)
- 200 rezancev (konjak rezanci, glejte informacije o izdelku)
- 2 žlici svetle sojine omake
- 1 žlica riževega vinskega kisa
- 100 gramov burrate (ali mocarele)

priprava

1. Lisičke očistimo. Radič očistimo, operemo liste, osušimo in narežemo na trakove. Koromač očistimo in operemo, narežemo na zelo tanke rezine ali narežemo na rezine in posolimo. Zelenje koromača odstavimo.

2. Pinjole prepražimo v ponvi brez maščobe do zlato rjave barve. Šalotko narežemo na drobne kocke. Timijan operemo, osušimo in odstranimo liste s stebel.

3. V ponvi brez maščobe na zmernem ognju počasi prepražimo slanino. Rezine slanine poberemo iz ponve, odcedimo na kuhinjskem papirju in pustimo na toplem.

4. Na vroči maščobi od slanine prepražimo kocke šalotke, dodamo lisičke in timijan ter jih segreto prepražimo. Začinimo s soljo in poprom.

5. Testenine damo v cedilo, dobro speremo s hladno vodo in pripravimo po navodilih na embalaži. Odcejene testenine in trakove radiča zmešamo s sojino omako in kisom, stresemo v gobe in postrežemo z burrato in rezinami slanine. Potresemo pinjole, sveže

mlet poper in zelenje koromača ter takoj
postrežemo.

13. Tofu miso juha z rezanci soba

sestavine

- Soba (soba rezanci: špageti iz ajde in pšenice)
- 2 žlički sezamovega olja (praženega)
- 1 žlica sezamovih semen
- 4 mlade čebule
- 2 mini kumari

- 100 gramov špinačnih listov
- 200 gramov tofuja
- 1¼ litra zelenjavne juhe
- 1 košček ingverja (cca. 20 g)
- 2 žlički (instant alge wakame)
- 2½ žlici Shiro miso (pasta iz ekološkega ali azijskega trga)
- Listi koriandra (za okras)

priprava

1. Rezance soba skuhajte po navodilih na embalaži. Prelijemo v cedilo, dobro odcedimo in zmešamo s sezamovim oljem. Sezamova semena prepražimo v ponvi proti prijemanju do zlato rjave barve. Odstavimo s štedilnika in pustimo, da se ohladi.

2. Mlado čebulo očistimo in operemo, bele in svetlo zelene dele narežemo na drobne kolobarje. Kumare operemo in narežemo na približno 3 cm dolge palčke. Špinačo razvrstite, operite in otresite do suhega ter ji odstranite grobe peclje. Tofu osušite in narežite na 2 cm velike kocke.

3. V kozici zavremo juho. Ingver olupimo in narežemo na rezine, dodamo v juho z algami in pustimo vreti približno 2 minuti. Zmešajte

miso pasto s 5 žlicami vode do gladkega, dodajte juhi in pustite vreti še 5 minut. Nato v juho dodamo tofu, mlado čebulo in kumare ter zavremo.

4. Za serviranje operite koriander in otresite do suhega. Rezance soba in špinačo razporedite v sklede ali skodelice in jih prelijte z vrelo juho. Po vrhu raztresemo pražena sezamova semena in liste koriandra. Postrezite takoj.

14. Gjoze

sestavine

Polnjenje

- 200 gramov mletega svinjine (po možnosti bio)
- 10 gramov posušene šitake
- 10 gramov posušenih gob (Mu-Err gobe)
- 50 gramov korenja
- ½ rdeče čebule
- 1 strok česna
- 7 žlic olja

- 1 žlica ribje omake (azijska trgovina ali supermarket)
- sol
- poper (sveže mlet)

omaka

- 30 mililitrov riževega kisa (črnega)
- 50 mililitrov sojine omake
- 24 (zamrznjeni listi testa gyoza, cca. 120 g;)

priprava

Za polnilo

1. Mleto meso vzemite iz hladilnika približno 30 minut pred kuhanjem. Obe vrsti gob namočimo v mlačni vodi za približno 30 minut.

za omako

2. Zmešajte črni rižev kis in sojino omako ter odstavite.
3. Korenje očistimo, olupimo in drobno naribamo. Namočene gobe odcedimo, jih dobro ožamemo in jim odrežemo peclje. Klobuke drobno sesekljajte. Čebulo in česen olupimo in drobno sesekljamo.

4. V nepregorni ponvi segrejemo 3 žlice olja, na katerem 5 minut pražimo gobe, čebulo in česen. Nato pustimo, da se ohladi. Mleto meso zgnetemo z gobovo mešanico in naribanim korenjem ter začinimo z ribjo omako, malo soli in popra.

5. Odmrznite liste gyoza. Iz zloženke vzamemo samo 1 listnato testo in na sredino položimo približno 11/2 žličke nadeva. Rob testa vsepovsod namažemo z malo hladne vode, spodnjo polovico testa prepognemo čez nadev in ga na eni strani valovito stisnemo. Enako storite s preostalim nadevom in pecivom, uporabite le po 1 list naenkrat, da se tanko testo ne izsuši, skupaj pripravite 24 Gyoz.

6. V veliki ponvi proti prijemanju segrejte 2-3 žlice olja. Približno 12 cmokov z valovitim robom obrnjenim navzgor 2 minuti pražite na močnem ognju, dokler ne postanejo hrustljavi. Nato pokrito kuhamo na majhnem do zmernem ognju približno 4–5 minut.

7. Končane cmoke previdno poberemo z dna pekača in pustimo na toplem. Enako storite s preostalimi gyozami. Gioze postrezite z omako.

15. Špargljeva solata z govejim tatakijem

sestavine

Tataki

- 400 gramov govejih filejev (po možnosti bio)
- 1 čajna žlička sezamovega olja (popečeno)
- 3 žlice sojine omake
- 30 gramov prečiščenega masla

Oblačenje

- 2 šalotki
- 200 mililitrov zelenjavne juhe
- 5 žlic limetinega soka
- 5 žlic olja (npr. arašidovega)
- 2 žlički sezamovega olja (popečeno)
- 1 čajna žlička wasabija
- poper (sveže mlet)

- 1 čajna žlička ingverjevega sirupa

Solata

- 1 kilogram špargljevih vršičkov (barvnih, izmenično zelenih in belih stebel špargljev)
- 100 gramov shiitake gob
- 100 gramov rjavih gob
- sol
- 20 gramov masla
- 1 čajna žlička sladkorja
- 1 šopek rukole
- 1 čajna žlička sezamovih semen

priprava

Za The Tataki

1. Meso osušimo s kuhinjskim papirjem. Zmešajte sezamovo olje in sojino omako ter s tem premažite meso. Zavijemo v prozorno folijo in pustimo počivati v hladilniku približno 2 uri.
2. Meso vzamemo iz folije in pustimo 30 minut počivati na sobni temperaturi. V ponvi segrejemo prečiščeno maslo in meso popečemo z vseh strani. Nato ga vzamemo iz pekača, zavijemo v alu folijo in pustimo, da

se popolnoma ohladi. Kasneje meso narežemo na zelo tanke rezine in ga položimo na vrh solate za serviranje.

Za preliv

1. Šalotko olupimo in na drobno narežemo. Juho zavremo in v njej približno 1 minuto kuhamo kocke šalotke. Vmešajte limetin sok, arašidovo in sezamovo olje, vasabi, poper in ingverjev sirup. Preliv po okusu začinimo in odstavimo.

Za solato

2. Konice špargljev oplaknemo in konce na kratko porežemo. Beluše olupimo in narežemo na 2-3 cm dolge kose. Gobam šitakam odstranimo peclje in klobuke narežemo na rezine. Gobe očistimo in narežemo na četrtine ali osmine, odvisno od velikosti.

3. Zavremo veliko vode, malo soli, masla in sladkorja. V njej 4-6 minut kuhamo šparglje. Dodamo šitake gobe in kuhamo še eno minuto. V preliv vmešamo 2-3 žlice špargljeve vode. Šparglje in šitake odcedimo, na kratko odcedimo in previdno

premešamo s toplim prelivom. Pustite, da se strmi približno 1 uro.

4. Rukolo razvrstimo, splaknemo, otresemo in stresemo v šparglje z gobami. Solato ponovno začinimo s soljo in poprom. Mesne rezine razporedimo po solati.

5. V ponvi prepražimo sezamovo seme do zlato rjave barve, odstranimo. Solato potresemo z malo popra in postrežemo.

16. Sladoled Matcha

sestavine

- 2 žlici matcha (matcha čaj v prahu)
- 140 gramov sladkorja
- 4. Ekološki jajčni rumenjaki
- 200 mililitrov mleka
- 200 gramov stepene smetane
- 200 gramov borovnic
- Matcha (Matcha čaj v prahu za posipanje)

priprava

1. Zmešajte matcha prah in 2 žlici sladkorja. Rumenjake in preostali sladkor stepamo z

ročnim mešalnikom vsaj 5 minut, da postanejo svetli in kremasti.

2. Mleko v kozici previdno segrejte (do približno 80 stopinj), nato dodajte nekaj žlic mleka v mešanico čaja v prahu brez dodatnega segrevanja in dobro premešajte, da se ne vidijo grudice. Nato dodajte čajno pasto preostalemu toplemu mleku in dobro premešajte.

3. Dodajte rumenjakovo kremo v mešanico matcha mleka, dobro premešajte in pustite, da se ohladi. Smetano stepemo do trdega in vmešamo.

4. Mešanico vlijemo v delujoč aparat za sladoled in pustimo 30 minut zamrzovati, da postane kremasta.

5. Brez ledomata kremo vlijemo v kovinski model in postavimo v zamrzovalnik.

6. Po 30 minutah mešanico na kratko premešamo, ponovno zamrznemo in po 1 uri ponovno dobro premešamo. Nato ponovno postavite v zamrzovalnik za vsaj 2 uri.

7. Borovnice razvrstimo, oplaknemo in dobro odcedimo na papirnatih brisačkah. Z žlico za sladoled oblikujte kroglice in postrezite z borovnicami.

8. Postrezite potreseno z malo čaja v prahu.

sestavine

- 1 čajna žlička matcha (matcha čaj v prahu)
- 400 mililitrov mleka (lahko tudi sojinega ali mandljevega)
- Matcha (Matcha čaj v prahu za posipanje)

priprava

1. Matcha prah vlijemo v skledo s 100 ml vroče vode in penasto stepamo z bambusovo metlico za matcha čaj (ali z majhno metlico).

2. Čaj razdelite med 2 kozarca.
3. Segrejte mleko (ne zavrite) in stepajte s penilnikom mleka, da postane kremasto.
4. V čaj počasi vlivamo mleko. Potresite z malo matcha prahu in takoj postrezite matcha latte.

18. Ramen kruh

sestavine

- 500 gramov piščančjih peruti (po možnosti bio)
- 800 gramov svinjskega trebuha (svežega, po možnosti ekološkega)
- 80 gramov ingverja
- 4 stroki česna
- 1 palčka pora
- 500 gramov korenja
- 100 mililitrov sojine omake
- 100 mililitrov mirina (riževo vino za kuhanje)
- sol

- 25 gramov masla (hladnega)

Kombu Dashi (mehka alga goba)

- 1 kos morskih alg (kombu alge, posušene alge, približno 8 g)
- 4 posušene šitake (25 g)

priprava

1. Pečico segrejte na 220 stopinj, ventilatorsko na 200 stopinj, plinska oznaka 5.
2. Piščančja peruti oplaknemo, osušimo in razporedimo po pekaču. Pečemo na zgornji rešetki v pečici približno 30 minut do zlato rjave barve. Svinjski trebuh položite v cedilo in ga postavite v veliko skledo ali v umivalnik. Meso prelijemo z vrelo vodo (da preprečimo morebitno motnost kasnejše juhe).
3. Ingver olupimo in narežemo na rezine. Česen stisnite na delovno površino in odstranite lupino. Por očistimo, oplaknemo in narežemo na majhne kocke. Korenje olupimo in prav tako narežemo na kocke.
4. Pripravljeno zelenjavo, pečene piščančje peruti in svinjski trebuh damo v večjo ponev ali pekač. Zalijemo s 3-3,5 l hladne vode (toliko, da je vse dobro prekrito), sojino

omako in mirinom ter začinimo z 1 žličko soli. Na zmernem ognju počasi segrevamo do vrenja, nato pa brez pokrova zelo rahlo vremo približno 3 ure. Posnemite, če nastane pena.

Za Kombu Dashi

1. Algo kombu razpolovite in namočite v vroči vodi približno 10 minut. Šitake na kratko namočimo v topli vodi.
2. Kombu in šitake vzemite iz vode. Kuhajte skupaj v majhni ponvi z 250 ml vode na majhnem do srednjem ognju približno 20 minut; ne kuhajte z mehurčki, sicer lahko okus postane kisel.
3. Algovo osnovo prelijemo skozi fino cedilo in odstavimo (približno 140 ml). Ne nadaljujte z uporabo šitak in kombuja.
4. Svinjski trebuh vzamemo iz mesne juhe, lahko ga uporabimo za "ramen s svinjskim trebuhom in jajcem". Odstranite tudi krila (glejte nasvete). Juho prelijemo skozi cedilo, obloženo z gazo.

5. Juho ponovno segrejemo, dodamo maslo in močno mešamo z metlico. Nato vlijte kombu dashi, začinite po okusu in nadaljujte z uporabo.

19. Ramen s piščancem in bučo

sestavine

- 400 gramov filejev piščančjih prsi (po možnosti ekoloških)
- žlica sojine omake (sojina sezamova omaka)
- žlica čilijeve omake
- 3 žlice sezamovih semen
- ½ čajne žličke soli
- 40 gramov ingverja
- 250 gramov Hokkaido
- ½ šopka koriandra
- 1 ⅓ litra juhe (ramen juhe)

- 250 gramov soba (iz ajdovih ali pšeničnih ramen rezancev)
- 3 žlice misa (lahka pasta, 75 g)

priprava

1. Fileje piščančjih prsi oplaknite, osušite in vsakega natrite z 2 žlicama omake. Pokrijte in ohladite na sobni temperaturi vsaj 2 uri, najbolje čez noč.
2. V ponvi prepražimo sezam in sol do zlato rjave barve, odstranimo.
3. Ingver olupimo in narežemo na zelo drobne trakove. Bučo dobro operemo in očistimo ter narežemo na približno 1/2 cm debele rezine. Po potrebi prerežite velike vrzeli na pol. Koriander operemo, osušimo in osmukamo liste s stebel.
4. Juho zavremo in piščančje fileje dušimo na majhnem ognju 15–20 minut. Meso vzamemo iz juhe, pokrijemo in pustimo na kratko počivati.
5. V vročo osnovo stresemo rezine buče in ingver, pokrijemo in kuhamo približno 7 minut. Odstranite bučo in ingver z zajemalko z režami in hranite na toplem.

6. Testenine skuhamo v vodi po navodilih na embalaži, odcedimo. Dodajte miso v vročo juho in na kratko premešajte s paličnim mešalnikom. Piščančje fileje narežemo na tanke rezine.

7. V 4 predhodno segrete jušne sklede dajte 1–2 žlici vsake od obeh začimbnih omak. Testenine, piščanca, bučo in ingver razporedite po skledah in prelijte z vročo miso juho. Po vrhu potresemo sezamovo sol in liste koriandra ter postrežemo. Če želite, lahko juho začinite z obema omakama.

20. Ramen z gobami, tofujem in kimčijem

sestavine

- 300 gramov tofuja (mehkega)
- 6 žlic sojine omake (sojino-sezamovo omako)
- 6 žlic čilijeve omake
- 1 šopek drobnjaka
- 1 ⅓ litra juhe (ramen juhe)
- 100 gramov rjavih gob (ali šitake gob)
- 250 gramov ramen rezancev (ali debelih udon rezancev iz pšenice)
- 100 gramov zelenjave (kimchi, korejska vložena zelenjava)
- 1 žlica črnega sezama

priprava

1. Tofu narežemo na 2 cm velike kocke, primešamo po 2 žlici omake in pustimo stati vsaj 10 minut. Drobnjak oplaknite, osušite in narežite na 3-4 cm dolge kose.

2. Juho zavremo. Gobe očistimo tako, da majhne primerke na gobovem klobuku prečno zarežemo, večje razpolovimo ali razčetverimo. V juho dodamo gobe in na srednjem ognju dušimo približno 10 minut. V juho dodajte tofu in v njej segrejte. Testenine skuhamo po navodilih na embalaži in jih odcedimo.

3. Kimči odcedimo, narežemo na grižljaje in razdelimo v 4 predhodno segrete jušne sklede. Po njih pokapljamo 1 žlico pikantne omake in rezance razporedimo po skledah.

4. Po skledah razporedite tudi gobe, tofu in jušno juho. Postrezite potreseno z drobnjakom in sezamom. Če želite, lahko juho začinite z obema omakama.

21. Ramen s svinjskim trebuhom in jajcem

sestavine

- 4 bio jajca
- 9 žlic sojine omake (sojina sezamova omaka)
- 200 gramov redkvic (belih)
- 1 čajna žlička masla
- 3 žlice krušnih drobtin (presnih ali panko, japonskih)
- 1 ščepec soli
- 3 mlade čebule
- 800 gramov svinjskega trebuha (hladnega, kuhanega)
- žlica čilijeve omake

- 250 gramov ramen rezancev
- 1 ⅓ litra juhe (ramen juhe)
- 1 čajna žlička čilija (Togarashi, japonska mešanica čilijev ali pol mešanice čilijevih kosmičev in črnega sezama)

priprava

1. Pečico segrejte na 200 stopinj, kroženje zraka 180 stopinj, stopnja plina 4.
2. Jajca preluknjajte in kuhajte v vodi približno 7 minut, dokler niso voskasta. Odcedimo, splaknemo s hladno vodo in olupimo. Jajca prelijemo s 3-4 žlicami sojine sezamove omake in pustimo stati vsaj 30 minut.
3. Redkev olupimo in grobo naribamo. V ponvi segrejemo maslo, na katerem prepražimo drobtine in jih solimo, da se zlato zapečejo. Mlado čebulo očistimo in operemo, narežemo na drobne kolobarje.
4. Odstranite kožo in po možnosti nekaj maščobe s svinjskega trebuha. Trebuh narežemo na 1 cm debele rezine, položimo v pekač, pokapljamo z 2-3 žlicami soje, sezamom in 2 žlicama čilijeve omake. Postavite v vročo pečico za približno 10 minut.

5. Skuhajte ramenske rezance po navodilih na embalaži in jih odcedite. Ramenovo juho zavrite. Jajca razpolovimo.

6. V 4 segrete jušne sklede dajte po 1 žlico sojinega sezama in čilijeve omake. Testenine razporedimo po skledah in jih zalijemo z vročo juho. Po vrhu razporedimo svinjski trebuh, jajčne polovice, redkvico in mlado čebulo. Potresemo z drobtinami in po možnosti togarashijem ter takoj postrežemo.

22. Radič fitata s surimijem

sestavine

- 1 rdeča čebula (60 g, na drobno narezana)
- 1 strok česna (mlet)
- 2 žlički oljčnega olja
- 80 gramov radiča (tanko narezanega)
- 2 bio jajci (velikost M)
- 50 gramov skute z nizko vsebnostjo maščob
- 1 žlica parmezana (naribanega)
- sol
- poper (sveže mlet)
- 20 gramov kaper (finih)

- 60 gramov češnjevih paradižnikov (prepolovljenih)
- 3 kosi surimija (palčke, 50 g)
- Listi zelišč (lahko nekaj zelenih)

priprava

1. Pečico segrejte na 180 stopinj, kroženje zraka 160 stopinj, stopnja plina 3.
2. V nepregorni ponvi na olivnem olju prepražimo čebulo in česen. Dodamo radič in kuhamo 2-3 minute.
3. Zmešajte jajca, skuto, parmezan, sol in poper. Jajčno zmes prelijemo čez zelenjavo in dobro premešamo v ponvi. Potresemo s kaprami in pustimo jajček vzhajati na majhnem ognju približno 2-3 minute. Fritato pečemo v pečici na srednji rešetki 15–20 minut. Po potrebi ročaj ponve ovijte z aluminijasto folijo.
4. Odstranite fritajo in postrezite s paradižnikom, surimijem in po možnosti z nekaj listi zelišč.

23. Losos na žaru z omako teriyaki

sestavine

- 4 kosi lososovih zrezkov (cca. 250g vsak)
- 2 žlički sladkorja
- 2 žlici sakeja (lahko belo vino ali blagi šeri)
- 2 žlici riževega vina (mirin)
- 4 žlice sojine omake (japonska)
- 1 zavitek kreše
- 1 kos redkve (cca. 15 cm, bele, naribane)
- Olje za cvrtje)

priprava

1. Lososove zrezke potapkamo in jim odstranimo kožo in kosti.
2. Za teriyaki omako mešajte sladkor, sake, riževo vino in sojino omako, dokler se sladkor ne raztopi (po potrebi rahlo segrejte).
3. Lososa položite v omako za približno 10 minut in ga pogosto obrnite.
4. Priprava na žaru: Ribe odcedimo in pečemo na rešetki približno 3 minute na vsaki strani. Preostanek marinade pokapljamo po ribah.
5. Priprava v ponvi: Segrejemo olje in ribe na vsaki strani cvremo približno 3 minute. Odlijemo odvečno olje, v ponvi segrejemo preostalo marinado in v omako za nekaj minut namočimo lososa.
6. Lososa s preostalo marinado razporedimo po štirih krožnikih. Okrasimo z očiščeno krešo in naribano redkvico.

24. Glazirani fileji piščančjih prsi

sestavine

- 2 fileja piščančjih prsi (cca. 400 g; idealno ekološko)
- 1 kos ingverja (svež, 2 cm)
- 1 strok česna
- 150 mililitrov riževega vina (sladko, mirin; alternativno šeri)
- 150 mililitrov sojine omake (japonska)
- 3 žlice rjavega sladkorja
- sol
- 3 žlice sezamovega olja
- 1½ žlice arašidov (nesoljenih)

priprava

1. Piščančje fileje oplaknite in posušite. Ingver olupimo in naribamo ali stisnemo skozi stiskalnik česna. Olupite in strite strok česna. Ingver in česen zmešajte z riževim vinom, sojino omako, sladkorjem, ščepcem soli in 1 čajno žličko sezamovega olja.

2. Meso dajte v manjšo skledo in pokrijte z marinado. Pokrijte in pustite počivati v hladilniku vsaj 3 ure, najbolje čez noč. Po potrebi meso enkrat obrnite.

3. Piščančje prsi vzamemo iz marinade in dobro odcedimo. V manjši ponvi segrejte preostalo olje in pecite fileje na vsaki strani 2-3 minute. Odcedite olje in dodajte marinado mesu v ponvi.

4. V zaprti posodi na majhnem ognju dušimo približno 20 minut. Odstranite pokrov in pustite, da se meso v odprti posodi duši še 5 minut, dokler omaka ne povre kot sirup.

5. Fileje narežemo in postrežemo na rižu in zelenjavi. Arašide grobo sesekljajte in jih potresite po mesu. Prelijemo z nekaj omake.

25. Soba rezanci s sezamovim tofujem

sestavine

- 10 gramov ingverja (svežega)
- 4 žlice sojine omake (pekel)
- 300 gramov tofuja
- 2 daikonova kreša (cca. 40 g; glej nasvet)
- 300 gramov sobe
- 1 pločevinka fižola
- 3 žlice sezamovih semen (pekel)
- 4 žlice arašidovega olja
- 4 žlice fižolove omake (črne, glejte nasvet)
- poper (sveže mlet)
- 1 limeta

priprava

1. Ingver olupimo, na drobno narežemo in zmešamo s sojino omako. Tofu odcedimo, osušimo in narežemo na 6 rezin. Rezine prepolovite diagonalno in jih 10 minut marinirajte v sojino-ingverjevi omaki ter jih enkrat obrnite. Daikon krešo s škarjami odrežite z gredic, jo sperite in posušite z ožemanjem.

2. Rezance soba kuhajte v obilici vrele vode približno 3 minute, občasno premešajte, dokler niso čvrsti na ugriz. Nalijemo v cedilo in zberemo 100 ml vode za testenine. Testenine oplaknemo s hladno vodo in dobro odcedimo. Črni fižol damo v cedilo, splaknemo s hladno vodo in dobro odcedimo. Rezine tofuja odstranite iz marinade, odcedite in dodajte sezamova semena. Odložite. V večji ponvi proti prijemanju segrejte 2 žlici olja in na srednjem ognju popecite rezine tofuja z obeh strani. Tofu odstavimo in pustimo na toplem.

3. Preostanek olja segrejte v voku ali veliki nepregorni ponvi in na srednjem ognju na kratko prepražite fižol. Dodamo fižolovo

omako in dušimo 1 minuto. Dodamo testenine in jih med mešanjem kuhamo še 1–2 minuti in postopoma prilivamo vodo za testenine. poper. Razporedite testenine, tofu in krešo ter postrezite z rezinami limete.

26. Kalifornijski zvitki s kozicami

sestavine

- 250 gramov riža za suši
- 5 žlic riževega kisa
- 1 žlica sladkorja
- 1 čajna žlička soli
- 100 gramov zamrznjenih kozic (predkuhanih, olupljenih in razrezanih)
- 1 avokado (zrel)
- 4 nori (posušeni listi morskih alg)
- 1 čajna žlička wasabija (japonska pasta iz hrena)
- 2½ žlici majoneze

- 7 žlic sezamovih semen

priprava

1. Riž sperite v cedilu, dokler voda ne postane bistra. Zavremo riž in 300 ml vode, kuhamo 2 minuti in pokrito z ugasnjeno kuhalno ploščo dušimo približno 15 minut. Kis, sladkor in sol med mešanjem segrevamo, da se sladkor raztopi.

2. Kuhan riž damo v stekleno posodo in ga prelijemo z mešanico kisa. Delamo z lopatko približno 2 minuti (vedno znova obračamo), da se kis dobro porazdeli in se riž nekoliko ohladi. Riž pokrijemo in odstavimo.

3. Kozice odmrznemo, po potrebi oplaknemo, osušimo in po dolgem prerežemo na pol. Avokadu razkoščičite in olupite ter meso narežite na približno 1 x 4 cm dolge palčke. Na delovno površino razprostrite bambusovo podlogo za suši zvitke in jo dobro navlažite. Zmočite roke in enakomerno porazdelite 1/4 riža po podlogi (približno 1/2 cm debelo). Na vrh položite 1 list nori (s grobo stranjo na riž). Na tanko namažemo z malo vasabija in majoneze. Na sredino lista položimo ozko "ulico" z avokadovimi palčkami in kozicami.

4. Riž z blazino z ene strani trdno zvijte. Vsako rolico povaljajte v slabih 2 žlicah sezama, zavijte v prozorno folijo in postavite v hladilnik. Nadaljujte tako, dokler ne končate vseh 4 zavitkov. Zvitke folije odvijte in vsakega z ostrim nožem razrežite na 6 kosov. Najbolje je, da nož prej pomočite v vročo vodo, da se riž ne prime.

27. Pečen suši

sestavine

- 100 gramov testa za tempuro (iz azijske trgovine)
- 1 jajce
- 50 mililitrov sojine omake
- 50 mililitrov Ketjap manis (indonezijska sladka sojina omaka)
- 1 žlica sladkorja
- 200 gramov filejev lososa (zelo svež; kakovost sušija)
- 4 mlade čebule
- 3 nori (posušene morske alge)

- 1 recept za riž za suši (glejte nasvet)
- 1 žlica wasabija (pasta iz zelenega hrena)
- ½ litra olja (za cvrtje, nevtralno)

priprava

1. Prašek za testo za tempuro zmešajte skupaj z jajcem in 75 ml vode do gladkega in pustite, da nabrekne. Sojino omako, ketjap manis in sladkor zavrite in kuhajte približno 4 minute do sirupa. Odložite.

2. Lososa oplaknemo s hladno vodo, osušimo in narežemo na približno 5 mm debele trakove. Mlado čebulo očistite in oplaknite ter ji odstranite temno zeleno. Mlado čebulo narežemo na dolge trakove. Nori liste razpolovite.

3. Na bambusovo podlogo položite kos oprijemljive folije in nanjo polovico nori lista. Roke navlažite z vodo. Na list alg razporedite malo riža za suši, visoko skoraj 1 cm. Pustite 1 cm prostega na vrhu. Riža ne pritiskajte premočno.

4. Na spodnjo tretjino namažite vzdolžni trak wasabija (previdno, zelo oster!). Na vrh položite lososa in mlado čebulo. S pomočjo bambusove podloge zvijte nadev z nori listom

in okoli zvitka ovijte živilsko folijo. Pritisnite zvitek na svoje mesto s podlogo. Iz preostalih sestavin oblikujte še 5 zavitkov, kot je opisano. Zvitke z ostrim nožem, ki smo ga večkrat pomočili v hladno vodo, razrežemo na 4 enakomerne kose.

5. V majhni, visoki kozici segrejte olje (temperatura je primerna, če se na lesenem ročaju žlice, potopljenem v vroče olje, naredijo majhni mehurčki). Kose sušija po porcijah pomakamo v testo za tempuro, na kratko odcedimo in takoj pečemo v vročem olju približno 2 minuti, da zlato zarumenijo. Na kratko odcedimo na papirnatih brisačah. Ocvrt suši postrezite s kuhano omako.

28. Maki suši s tuno in kumaro

sestavine

- 1 kos kumare (100 g)
- 100 gramov tune (zelo sveže)
- 3 nori (posušene morske alge)
- 1 Recept za suši riž (osnovni recept za suši riž)
- 2 žlici wasabija (pasta iz zelenega hrena)

priprava

1. Kumaro olupimo in po dolgem prerežemo na pol. Z žlico odstranimo semena in kumaro vzdolžno narežemo na trakove. Tuno

narežemo na približno 5 mm debele trakove. Nori liste razpolovite.

Roll sushi:

2. To naredite tako, da na bambusovo preprogo položite živilsko folijo in nanjo polovico nori lista. Roke navlažite z vodo. Na nori list razporedite nekaj riža za suši skoraj 1 cm visoko, pri čemer pustite 1 cm prostega na vrhu. Riža ne pritiskajte premočno. Na spodnjo tretjino lista položimo tanek trak vasabija (pozor, zelo je pekoč!). Na vrh položite kumaro ali tuno.

3. S pomočjo bambusove podloge previdno zvijte nadev z nori listom, okoli zvitka ovijte živilsko folijo. Pritisnite zvitek na svoje mesto s podlogo. Zavitek z rokami nekoliko plosko pritisnite na eni dolgi strani, da bodo zvitki kasneje dobili obliko solze.)

4. Naredite še 5 zvitkov, kot je opisano. Zvitke z ostrim nožem, ki ga večkrat pomočimo v hladno vodo, razrežemo na 8 enakih kosov.

29. Postrv s keta kaviarjem na gobah enoki

sestavine

- 200 gramov filejev postrvi (zelo svežih, brez kože)
- 100 gramov enoki gob (azijska trgovina, alternativa gobe na zelo tanke rezine ali trakovi redkvice)
- 100 gramov kete
- 1 žlica wasabija (pasta zelenega začinjenega hrena)
- sojina omaka

priprava

1. Fileje postrvi operemo, osušimo in narežemo na rezine. Enoki gobe narežemo na šopke in položimo na krožnik. Na gobe položimo ribe in po njih razporedimo postrvji kaviar. Na vsak kos postrvi damo ščepec vasabija. Ribo postrezite dobro ohlajeno s sojino omako.

30. Podplat na limoni z rumenjakom

sestavine

- ½ bio limone
- 150 gramov filejev morskega lista (zelo svežih)
- 1 pesna kreša (ali vrtna kreša)

priprava

1. Jajce trdo skuhajte v 10 minutah, sperite s hladno vodo in odstranite lupino. Previdno odstranimo rumenjake in jih pretlačimo skozi cedilo (sicer uporabimo beljak).

2. Limono oplaknemo z vročo vodo, prepolovimo in narežemo na zelo tanke rezine. Na krožnik položite rezine limone. Ribe operemo v hladni vodi, osušimo in narežemo na tanke rezine. Rezine razporedite po limoni. Odrežite krešo s postelje. Na ribe damo rumenjake in krešo.

GLAVNA JED

31. Alpski losos v japonski marinadi

sestavine

- 1 kos File alpskega lososa (600-800g)
- 2 šalotki
- 15 g ingverja
- 15 g česna
- 1 strok čilija
- 15 kosov zrn koriandra
- 1 palčka (e) limonske trave
- 1 limeta (samo tanko olupljena lupinica)

- 1 kos. List limete
- 75 gramov sladkorja
- 200 ml sojine omake
- 15 g koriandrovih listov (svežih)

priprava

1. Za alpskega lososa v japonski marinadi šalotko z ingverjem, česnom in čilijem na drobno nasekljamo in skupaj s koriandrovimi semeni popečemo na malo arašidovega olja, da se čebula ne obarva. Dodamo sladkor in pustimo, da karamelizira. Deglazirajte s sojino omako.
2. Dodamo limonsko travo z limetino lupinico in liste limete ter reduciramo, dokler zmes ni rahlo gosta. Ohladite in dodajte sveže sesekljane liste koriandra.
3. File operemo in z ostrim nožem čisto odrežemo kožo. Nato file prečno narežemo na cca. 3 mm debele rezine. Te položimo na pekač in prelijemo z marinado.
4. Alpski losos v japonski marinadi razvije najboljšo aromo in idealno konsistenco po pribl. 3 ure.

32. Alpski losos v japonski marinadi

sestavine

- 300-400 g lososa, tune, maslenca in/ali trske
- nekaj surimi palčk (rakovih palčk)
- 1/2 avokada
- Limonin sok
- 1 kumara (majhna)
- Redkvice (bele in korenje)
- Ingver (vložen, po okusu)
- Za omako za namakanje:
- sojina omaka
- Potovalno vino

priprava

1. Z ostrim nožem narežite ribje fileje – po potrebi previdno izkoščičite – na grižljaje ali rezine in jih postavite na hladno mesto. Polovico avokada olupimo, meso narežemo na trakove in takoj mariniramo z malo limoninega soka. Tudi olupljene kumare, redkvice in korenje narežemo ali naribamo na zelo drobne trakove. Sojino omako razredčite z malo riževega vina in jo razdelite v majhne posodice. Kose rib in surimi palčke dekorativno razporedimo po krožniku. Okrasimo s pripravljeno zelenjavo in postrežemo s sojino omako in vasabi pasto. Za mizo v sojino omako vmešajte več ali manj paste wasabi. Zdaj potopite kos ribe v sojino omako in uživajte z nekaj zelenjave.

33. Yaki Udon s piščančjimi prsi

sestavine

- 200 g yaki udon (debeli pšenični rezanci)
- 300 g mešane zelenjave za praženje
- 200 g fileja piščančjih prsi
- 1 žlička sezamovega olja
- 4 žlice sončničnega olja
- 1/2 žličke česnovega čilija (česen pomešan s sesekljanim čilijem)
- 1 kos (2 cm) svežega ingverja
- 2 žlici sojine omake
- 1 žlica sladkorja
- 1 čajna žlička sezamovih semen za okras

priprava

1. Za yaki udon zavrite veliko vode in v njej približno 5 minut kuhajte rezance. Precedimo, splaknemo v hladni vodi in odcedimo.
2. Piščančji file in očiščeno zelenjavo narežemo na za prst široke trakove, ingver sesekljamo.
3. Segrejte vok ali težko ponev, vlijte sezamovo in sončnično olje ter segrejte. V njem prepražimo trakove zelenjave in mesa. Dodamo česnov čili, sladkor, sojino omako in ingver ter pražimo 3 minute. Dodamo testenine in prav tako na kratko popražimo.
4. Jaki udon razporedite v sklede in pred serviranjem potresite s sezamom.

34. Kuhan svinjski trebuh

sestavine

- 550 g svinjskega trebuha (brez kosti, a z lepimi plastmi mesa)
- 1 kos ingverja (3 cm)
- 2 stroka česna
- 1 čebula
- 1000 ml Wasser (kalt)
- Pivska redkev (za okras po želji)

Za omako:

- 100 ml sojine omake
- 5 žlic mirina (alternativa portovca)
- 1 kos ingverja (2 cm, grobo narezan)
- 5 žlic sladkorja

- 1 EL sezamovo olje
- 3 žlice rastlinskega olja
- 50 ml japonskega Dashija (ali 1/2 čajne žličke Hondashi praška)

priprava

1. Za kuhan svinjski trebuh najprej pristavimo hladno vodo z ingverjem, česnom, čebulo in mesom ter zavremo. Nato dušite približno 1 uro. Vodo odcedimo in meso narežemo na grižljaj velike kose.

2. Za omako združite vse sestavine v ponvi. Dodamo meso in dušimo toliko časa, da meso dobi barvo sojine omake in je tako mehko, da ga lahko brez težav jemo s palčkami. Kuhan svinjski trebuh postrezite in po želji okrasite z naribano pivsko redkvico.

35. Goveji in čebulni zvitki

sestavine

- 4 rezine (rezine) zrezka (tanek kot oblat ali goveja pečenka ali goveji file)
- 4 mlade čebule
- 1 čajna žlička sladkorja
- 2 žlički sojine omake
- Ingver (sveže sesekljan)
- 1 žlička šerija
- Olje (za cvrtje)

priprava

1. Za goveje in čebulne zvitke najprej po dolgem narežemo mlado čebulo na trakove. Nanj položimo meso, pokrijemo s trakovi mlade čebule in tesno zvijemo.
2. Za marinado zmešamo sojino omako, sladkor, malo ingverja in šeri.
3. Vstavite mesne zvitke in marinirajte približno 30 minut.
4. Nato izvlecite goveje in čebulne zvitke na žaru ali v ponvi (z malo segretega olja) približno 3 minute na obeh straneh do zlato rjave barve.

36. Yaki-Tori (piščančja nabodala na žaru)

sestavine

- 400 g razrahljanih piščančjih beder
- 2 palčki pora (tanki)
- 200 ml piščančje juhe
- 120 ml Jap. sojina omaka
- 2 žlici sladkorja

priprava

1. Za yaki tori osem lesenih nabodal čez noč namočite v vodo.
2. Piščanca narežemo na manjše kocke ali kose (približno 2,5 cm). Por operemo in narežemo na 3 cm dolge kose.

3. Piščančjo juho s sojino omako in sladkorjem na močnem ognju na kratko zavremo. Zdaj na vsako nabodalo izmenično nataknemo piščančje kocke in por. Nabodala pomočimo v omako, odcedimo in položimo na segreto žar ploščo.
4. Pecite na žaru do zlato rjave barve na obeh straneh. Medtem nabodala yaki-tori vedno znova premažite z omako.

37. Zelenjavna tempura z wasabijem mousseline

sestavine

- 1/2 paprike (rdeče)
- 1/2 paprike (rumena)
- 250 g bučk (in rezine jajčevca)
- 180 ml ledene vode
- 1 beljak
- 50 g riževe moke (lahko tudi koruznega škroba)
- 50 g pšenične moke
- sol
- Olje (za globoko cvrtje)

Za mousseline Wasabi:

- 100 g majoneze
- 1 čajna žlička wasabi paste
- 1 žlica težke smetane (stepene)

priprava

1. Rezine bučke in jajčevca narežemo na rezine, izkoščičeno papriko pa na 5 mm široke trakove. Za testo za tempuro zmešajte ledeno vodo z beljakom, ščepcem soli, riževo in pšenično moko, dokler ni gladka. V voku segrejte veliko olja. Zelenjavo rahlo posolimo, pomočimo v testo, odcedimo in ocvremo na vročem olju (cca. 180 °C). Izvlecite in odcedite na kuhinjskem papirju. Zmešajte vse sestavine za wasabi omako. Pečeno zelenjavo razporedimo v sklede ali globoke krožnike in postrežemo z mousselinom.

38. Sašimi

sestavine

- 85 g tune (sveže narejene)
- 85 g lososa (sveže narejenega)
- 85 g fileja brancina (sveže narejenega)
- 85 g filejev romba (v lončku)
- 40 g wasabikrenove paste
- 100 g sushi ingverja (vloženega)
- 1 pivska redkev
- 4 rezine (rezine) limete
- Sojina omaka (za pomakanje)

priprava

2. Pivsko redkvico olupimo, narežemo na 10 cm dolge kose, te pa na zelo tanke trakove. Operite v hladni vodi in namočite približno 10 minut. Nato precedimo in odstavimo.

3. Zelo previdno izkoščene ribje fileje z ostrim nožem narežemo na približno 0,7 cm široke rezine. Te nato narežite na pravokotnike, široke približno 2 cm in dolge 3 cm.

4. Nato okrasite 4 krožnike ali suši krožnike z redkvico iz piva, rezinami limete, vasabijem in ingverjem ter postrezite 2 ribja fileja (skupaj 8 rezin ribe) na krožnik.

5. Postrezite s sojino omako.

39. Tuna Maki

sestavine

- 120 g tune (kakovost sashimi)
- 2 lista nori (morske alge)
- 640 g kuhanega riža za suši (glej recept)
- 20 g Wasabikren paste
- 100 g vloženega suši ingverja
- Sojina omaka za namakanje

priprava

1. Tuno z ostrim nožem narežemo na 1,5 cm široke in približno 5 cm dolge trakove. Liste nori previdno prerežite po širini s kuhinjskimi škarjami. Razvaljajte bambusovo

podlogo in nanjo položite polovico nori lista. Približno 0,5 cm debelo pokrijte s suši rižem, pri čemer pustite 1 cm prostega na vrhu. Od desne proti levi na sredino s prsti nanesemo tanko plast vasabija in na vrh položimo trak tune. Začnite zvijati na dnu (kjer je riž). Podlogo oblikujte tako, da bo zvitek pravokoten, da se nori listi ne zlomijo. Rahlo pritisnite bambusov zvitek. Odstranite bambusovo podlogo in na enak način pripravite preostale maki zvitke. Rezilo noža na kratko navlažite s hladno vodo in zvitke razrežite na šest enakih kosov. Maki razporedite po krožniku ali krožniku za suši in ga okrasite z wasabijem in ingverjem. Postrezite s sojino omako.

40. Zelenjavna tempura

sestavine

- Mešana zelenjava (po ponudbi)
- sol
- Rastlinsko olje

Za testo za tempuro:

- 200 g navadne moke
- 200 g moke iz sladkega krompirja (lahko tudi krompirjeve moke)
- 2 žlici sladkorja
- 1/2 žlice soli
- 300 ml ledeno mrzle vode
- 4 rumenjaki

Za omako:

- 5 žlic sojine omake
- 5 žlic vode
- 2 žlici javorjevega sirupa
- Nekaj sesekljanega ingverja
- 1 sesekljana mlada čebula

priprava

1. Očiščeno zelenjavo diagonalno narežemo na približno 3 mm debele rezine in rahlo posolimo. Za testo presejemo obe vrsti moke s sladkorjem in soljo. Približno tretjino odložimo in vanjo obrnemo zelenjavne rezine. Ledeno mrzlo vodo z rumenjaki dobro premešamo in v dveh obrokih vmešamo preostalo moko. Zmes najprej premešamo, dokler ni gladka, nato pa jo premešamo z vilicami (nikoli z metlico!), da dobimo testo precej grudasto konsistenco. V globoki ponvi segrejemo olje. Pomokano zelenjavo prevlečemo skozi testo in namočimo v vroče olje. Pečemo do zlate barve na obeh straneh. Izvlecite in odcedite na papirnatih brisačah. Razporedimo in postrežemo s pripravljeno omako. Za omako zmešajte sojino omako z

vodo, javorjevim sirupom, ingverjem in na
kocke narezano mlado čebulo.

41. Tempura s kozicami

sestavine

- 250 g repkov kozic (srednje velikih, brez lupine)
- 180 ml ledene vode
- 50 g riževe moke (lahko tudi koruznega škroba)
- 50 g pšenične moke

- sol
- Moka (da postane gladka)
- sojina omaka
- Wasabikren pasta (in/ali čili omaka kot priloga)
- Olje (za globoko cvrtje)

priprava

1. Za testo za tempuro zmešajte ledeno vodo z jajcem, soljo, rižem in pšenično moko, dokler ni gladka. Hrbet kozice odrežemo tako, da ostane zadnji del. Rez jim da značilno obliko metulja pri cvrtju. Odstranite črevesje. V voku segrejte veliko olja. Kozice obrnemo v gladko moko. Nato testo enega za drugim povlecite skozi testo, ga odcedite in na vroči maščobi (180 °C) ocvrejte do zlato rjave barve. Izvlecite in odcedite na kuhinjskem papirju. Postrezite z različnimi omakami za pomakanje.

42. Čili piščančja riževa ponev

sestavine

- 8 piščančjih krač (majhnih)
- 1 zavitek hrustljavih piščančjih nog Knorr Basis
- 1 kocka bistre juhe Knorr
- 200 g Basmati Journey
- 4 paradižniki (majhni)
- 2 žlici paprike v prahu
- 2 žlici paradižnikove paste
- 1 kos Paprika (rdeča)
- Čili (za začimbo)
- Peteršilj (svež)

priprava

2. Za chilli chicken rice pan pripravimo piščančje krače na osnovi KNORR po navodilih na embalaži.

3. Medtem v ponvi popečemo riž brez dodajanja maščobe. Deglazirajte s trikratno količino vode in zavrite s papriko v prahu, paradižnikovo pasto in jušno kocko. Čili piščančja riževa ponev dušite toliko časa, da se riž zmehča.

4. V vmesnem času papriko in paradižnik narežemo na večje kose in dodamo k piščancu. Kuhan riž zmešamo s členki in postrežemo s peteršiljem.

43. Gyoza

sestavine

- 200 g mletega mesa
- 1/2 palčke pora
- 3 listi kitajskega zelja
- 1 rezina (rezine) ingverja (svežega)
- 1 strok česna
- 1 žlica sojine omake
- 1/2 čajne žličke soli
- Poper iz mlinčka)
- 1 paket listov wonton
- 1 čajna žlička sezamovega olja
- 1/2 skodelice vode

Za omako za namakanje:

- 1/2 skodelice (s) sojine omake
- 1/2 skodelice (s) potovanja
- 1 čajna žlička česna (drobno sesekljan)

priprava

1. Za Gyozo najprej na kratko blanširajte liste kitajskega zelja, jih močno ožemite in narežite na majhne koščke. Por operemo in narežemo na majhne koščke, kot kitajsko zelje. Ingver in česen olupimo in drobno naribamo. Zmešamo kitajsko zelje, por, mleto meso, ingver, poper, sol, česen in sojino omako.

2. Nanj položimo liste testa in na sredino nadeva. Robove pekača rahlo navlažite in stisnite robove skupaj, da nastane polmesec.

3. V ponvi segrejte olje in na zmernem ognju pražite gyozo 2-3 minute, da spodnja stran zlato rjavo zapeče. Nato prilijemo vodo in kuhamo v pokriti ponvi, dokler voda ne izhlapi.

4. Za omako za namakanje zmešajte sojino omako z riževim kisom in česnom. Gyoza razporedite z omako in postrezite.

44. Različice sušija in makija

sestavine

Za osnovni recept za riž:

- 500 g riža za suši
- 2 žlici riževega kisa
- 1 čajna žlička sladkorja
- 1 žlica soli

Za klasični nigiri z lososom:

- Wasabi
- Za tunin maki:
- Yaki nori list
- Wasabi

- tuna

Za California Roll:

- Wasabi
- kumare
- avokado
- kozice
- Sezamova semena (popečena)

Za ročni zvitek z ribjo ikro:

- Yaki nori list
- Wasabi
- Ribje ikre
- limona

priprava

1. Za različice sušija in makija najprej pripravite riž.
2. Za suši riž riž oplaknemo in pustimo stati 1 uro, nato dodamo riž z enako količino vode in kuhamo na visoki temperaturi. Nato pokrijte in preklopite temperaturo nazaj na srednjo.
3. Ko postane površina riža vidna v loncu, preklopite nazaj na najnižjo nastavitev. Ko

voda izhlapi, ponovno segrevajte 1 minuto, nato riž odstavite s štedilnika in pustite, da izpareva 15 minut pri zaprti pokrovki.

4. Za marinado zmešamo ržev kis, sladkor in sol ter v pekaču primešamo še toplemu dolgozrnatemu rižu. Pustite, da se malo ohladi, vendar ga ne postavite v hladilnik, sicer bo riž postal trd.

5. Za klasični lososov nigiri z mokro roko oblikujte majhne kroglice iz riža za suši in jih pritisnite. Premažite z wasabijem. Na vrh položite veliko rezino lososa. Opozorilo: sušija nikoli ne naredite prevelikega, da ga lahko uživate v enem grižljaju.

6. Za tunin maki položite list yaki nori na bambusovo preprogo. Pokrijte s tanko plastjo dolgozrnatega riža. Premažite z malo wasabija. Na vrh položimo vrsto ozkih trakov tune. Zvijte z bambusovo podlogo in narežite zvitek na rezine, da naredite majhen maki.

7. Za California Roll pokrijte bambusovo podlogo s folijo za živila. Na vrh položite tanko plast riža. Premažite z wasabijem. Na sredino položite po 1 trak kumare, avokada in kozic. Zvijemo z bambusovo blazino in

končano rolado povaljamo v praženem sezamu. Narežemo na majhne rezine.

8. Za ročno rolado z ribjo ikro položite žlico riža na list yaki nori. List zvijte kot vrečko. Na riž namažite nekaj vasabija in napolnite z ribjimi ikrami (losos, postrv itd.). Okrasite z majhnim koščkom limone.

45. Glaziran piščanec s sezamom

sestavina

- 1 kg piščančjih krač
- 50 g ingverja
- 1 strok česna
- 100 ml Mirin (sladko riževo vino; alternativa šeri)
- 100 ml sojine omake (japonska)
- 2 žlici sladkorja
- sol
- 2 žlici sezamovega olja

priprava

1. Pri piščancu s sezamom piščančje krače operemo, če smo kupili cele piščančje krače pa jih prerežemo na pol.

2. Ingverju odstranimo lupino in ga naribamo. Olupite in pretlačite česen. Zmešajte 1 1/2 žličke ingverja in česna s sladkorjem, sojino omako, mirinom, ščepcem soli in nekaj kapljicami sezamovega olja. Meso damo v marinado tako, da je dobro prekrito z vseh strani. Pokrijte in pustite stati v hladilniku vsaj 3 ure, najbolje eno noč.

3. Meso vzamemo iz marinade in pustimo, da se dobro odcedi. Na segretem olju rjavo popečemo z obeh strani. Odlijemo olje in meso prelijemo z marinado. V zaprti ponvi na nizki temperaturi dušimo 20 minut.

4. Meso pražimo v odprti ponvi še 5 minut, da omaka postane sirupasta. Piščanca s sezamom potem najbolje postrežemo s skledo riža.

46. Japonska svinjska pečenka

sestavine

- 600 g svinjine (pleče ali krače)
- sol
- Seme kumine
- 50 g maščobe
- 10 gramov moke
- 1 čebula (narezana)
- 50 g zelene (narezane)
- 1 žlica gorčice
- vodo

priprava

1. Za japonsko pečenko na vroči maščobi prepražimo čebulo in zeleno. Meso natremo s kumino in soljo, položimo na zelenjavo in oboje popečemo.
2. Po 1/2 ure prelijemo z vodo. Malo kasneje dodajte gorčico. Nazadnje sok potresemo, zavremo in precedimo. Postrezite japonsko svinjsko pečenko.

47. Okonomyaki

sestavine

- 300 g moke
- 200 ml vode
- 2 jajci
- 1 glava belega zelja
- 10 rezin (rezin) slanine
- 10 rezin (rezin) puranjega mesa
- 5 gob

priprava

1. Za okonomiyaki sestavine združimo in na obeh straneh popečemo v ponvi. Okrasite z omako okonomi in katsubushi (posušeni ribji kosmiči) ter japonsko majonezo, če je na voljo.

48. Maki

sestavine

- 4 nori listi
- 1 skodelica (s) riža za suši (okroglozrnatega)
- 1 avokado
- ½ kumare
- 1 korenček
- 50 g lososa
- 2 palčki surimi
- 1 čajna žlička wasabija
- 2 žlici riževega kisa
- sladkor
- sojina omaka

priprava

1. Za maki riž za suši sperite v cedilu s hladno vodo, dokler voda ne postane bistra. To je pomembno, da se škrob odstrani in se riž, ki je dobro lepljiv, ne sprime preveč.

2. Riž pripravimo po navodilih na embalaži, začinimo z riževim kisom, morsko soljo in malo sladkorja. Riž damo v večjo skledo in ga razdelimo, da se hitreje ohladi.

3. Oprano zelenjavo in lososa narežemo na trakove. Na bambusovo preprogo položite nori list in ga na tanko razporedite s pripravljenim suši rižem do zgornjega roba, pribl. 2 cm. Deluje bolje, če imate mokre roke.

4. Na vrh riža razporedite nekaj wasabi paste. Zmešajte zelenjavo, lososa ali surimija po želji, del na sredino riža. Nato ga zvijte z bambusovo podlogo. Konec lista nori zlepite z vodo. Končni maki ohladite in pred serviranjem narežite na rezine. Postrezite s sojino omako.

49. Goveje rulade z mladim korenčkom

sestavine

- 500 g govedine (zelo tanko narezane)
- 24 mladih korenčkov (ali 1 1/2 korenčka)
- sol
- koruzni škrob
- 1 žlica mirina
- 1 žlica sojine omake
- poper

priprava

1. Za goveje zvitke v skledi zmešamo mirin in sojino omako. Korenje narežite na četrtine in ga postavite v mikrovalovno posodo z vodo.

2. Kuhajte v mikrovalovni pečici 3-4 minute. Goveje meso solimo in popramo ter 2 na četrtine narezana korenčka razvaljamo vsakega na 1 rezino. Končane zvitke obrnemo v koruzni škrob.

3. V ponvi segrejemo olje in na njem popečemo zvitke. Prelijemo z omako in pustimo, da se zgosti. Goveje zvitke postrežemo z rižem ali solato.

50. Azijski rezanci z govedino

sestavine

- 200 g udon rezancev
- 300 g govedine
- 1 por (por)
- 1 žlica sojine omake
- 1 limeta
- 1 čajna žlička čilija (mletega)
- 3 žlice sezamovega olja (za cvrtje)
- 50 g fižolovih kalčkov

priprava

1. Za azijske rezance z govedino skuhajte rezance po navodilih na embalaži.
2. Por drobno sesekljamo, govedino pa na kocke. Olje segrejemo in na njem prepražimo por in govedino.
3. Dodamo fižolove kalčke, limetin sok, čilijeve kosmiče in sojino omako ter pražimo še 2 minuti.
4. Razporedite azijske rezance z govedino in postrezite.

ZELENJAVNI RECEPTI

51. Majhen krožnik za sašimi

sestavine

- 300-400 g lososa, tune, maslenca in/ali trske
- nekaj surimi palčk (rakovih palčk)
- 1/2 avokada
- Limonin sok
- 1 kumara (majhna)
- Redkvice (bele in korenje)
- Ingver (vložen, po okusu)

- Za omako za namakanje:
- sojina omaka
- Potovalno vino
- Wasabikren pasta

priprava

1. Z ostrim nožem narežite ribje fileje – po potrebi previdno izkoščičite – na grižljaje ali rezine in jih postavite na hladno mesto. Polovico avokada olupimo, meso narežemo na trakove in takoj mariniramo z malo limoninega soka. Na zelo drobne trakove narežemo ali naribamo tudi olupljeno kumaro, redkev in korenje. Sojino omako razredčite z malo riževega vina in jo razdelite v majhne posodice. Kose rib in surimi palčke dekorativno razporedimo po krožniku. Okrasimo s pripravljeno zelenjavo in postrežemo s sojino omako in vasabi pasto. Za mizo v sojino omako vmešajte več ali manj paste wasabi. Zdaj potopite kos ribe v sojino omako in uživajte z nekaj zelenjave.

52. Keta kaviar na pireju iz daikona

sestavine

- 120 g keta kaviarja
- 300 g redkvice daikon (japonska redkev, lahko tudi druge blage redkvice)
- 3 žlice sojine omake
- 4 listi zelene solate
- 1 žlička limoninega soka
- 1 čajna žlička sveže naribanega ingverja
- Wasabikren pasta po želji

priprava

1. Za keta kaviar na pireju iz daikona na 4 krožnike razporedimo oprane, odcejene liste

zelene solate. Redkvico naribamo z drobnim ribežnom in operemo v hladni vodi. Dobro odcedimo v cedilu in razdelimo na 4 krožnike. Keta kaviar zmešajte s sojino omako in postrezite na vrhu pireja iz daikona. Na vrh položimo nariban ingver in pokapljamo z malo limoninega soka. Postrezite z wasabijem, če želite.

53. Koknozu solata s čičeriko

sestavine

- 80 g čičerike
- 40 g zelene leče
- 40 g rdeče leče
- 80 g rjavega riža
- 1 list nori alg, 30 x 20 cm
- 1/2 papaje
- 4 žlice palamidovih kosmičev (alternativno pečene kocke slanine)
- Frise solata za okras po želji
- sol
- 1/2 čajne žličke sezamovega olja
- 8 žlic kisa za suši

priprava

1. Čičeriko čez noč namočimo in naslednji dan kuhamo do mehkega. Lečo za 1 uro namočimo v hladno vodo in nato skuhamo do al dente. Rjavi riž kuhamo do mehkega približno 20 minut. (Vendar se riž ne sme kuhati predolgo, sicer se bo lupina zlomila.)

2. Medtem narežemo nori list na zelo fine trakove. Papajo olupite in ji izrežite sredico ter narežite na majhne koščke. Pire z mešalnikom. Sedaj eno za drugo naložite zeleno in rdečo lečo, rjavi riž in na koncu čičeriko v majhne sklede ali kozarce. Po vrhu raztresite trakove norija in kosmiče palamide ter po želji okrasite s solato frisée. Za preliv zmešajte papajin pire s soljo, sezamovim oljem in kisom ter postrezite v ločeni skledi. Previdno premešajte za mizo.

54. Zelenjavna tempura

sestavine

- Mešana zelenjava (po ponudbi)
- sol
- Rastlinsko olje

Za testo za tempuro:

- 200 g navadne moke
- 200 g moke iz sladkega krompirja (lahko tudi krompirjeve moke)
- 2 žlici sladkorja
- 1/2 žlice soli
- 300 ml ledeno mrzle vode
- 4 rumenjaki

Za omako:

- 5 žlic sojine omake
- 5 žlic vode
- 2 žlici javorjevega sirupa
- Nekaj sesekljanega ingverja
- 1 sesekljana mlada čebula

priprava

2. Očiščeno zelenjavo diagonalno narežemo na približno 3 mm debele rezine in rahlo posolimo. Za testo presejemo obe vrsti moke s sladkorjem in soljo. Približno tretjino odložimo in vanjo obrnemo zelenjavne rezine. Ledeno mrzlo vodo z rumenjaki dobro premešamo in v dveh obrokih vmešamo preostalo moko. Zmes najprej premešamo, dokler ni gladka, nato pa jo premešamo z vilicami (nikoli z metlico!), da dobimo testo precej grudasto konsistenco. V globoki ponvi segrejemo olje. Pomokano zelenjavo prevlečemo skozi testo in namočimo v vroče olje. Pečemo do zlate barve na obeh straneh. Izvlecite in odcedite na papirnatih brisačah. Razporedimo in postrežemo s pripravljeno omako. Za omako zmešajte sojino omako z

vodo, javorjevim sirupom, ingverjem in na
kocke narezano mlado čebulo.

55. Zelenjavni Maki

sestavine

- 4 kosi. Nori listi
- 3 žlice japonske potovalne torbe
- 1 skodelica riža za suši (pribl. 250 g)
- 2 žlici sladkorja
- 1 žlica soli

- Zelenjava (po okusu npr. kumare, korenček, rumena rdeča pesa, avokado)
- 1 steklenica (steklenice) sojine omake (majhna)
- Wasabi pasta (po okusu)

priprava

1. Za zelenjavni maki riž dobro operemo in namočimo v mrzli vodi vsaj eno uro.
2. Riž zavrite v 300 ml vode in na nizki temperaturi kuhajte 10 minut. Nato prestavimo v skledo in pustimo, da se ohladi.
3. Kis, sladkor in sol zavremo, nato pa jih takoj vmešamo v riž.
4. Zelenjavo olupimo in narežemo na dolge trakove. Če jeste korenasto zelenjavo, zelenjavo predhodno skuhajte al dente.
5. Navlažite nori list in ga položite na bambusov zvitek. Po njem razporedite malo riža. Na sredino položite zelenjavo in nato tesno zvijte maki.
6. Zelenjavni maki z ostrim nožem narežemo na cca. 2,5-3 cm debele rezine razporedimo s

sojino omako, vasabijem (po okusu) in palčkami ter takoj postrežemo.

56. Onigiri z rdečim zeljem in dimljenim

tofujem

sestavine

- 50 g dimljenega tofuja
- 50 g rdečega zelja
- sol
- 300 g Sushi Journey
- 3 žlice riževega kisa
- 1 žlica sladkorja
- 8 listov norija (ali več; razrezane na pravokotnike 3 x 6 cm)
- Sojina omaka (za serviranje)

priprava

1. Za onigiri z rdečim zeljem in dimljenim tofujem dimljeni tofu in rdeče zelje najprej na drobno nasekljamo in v posodi zmešamo z malo soli.
2. Riž spirajte v cedilu pod tekočo vodo, dokler voda ne odteče. V ponev damo 600 ml vode, dodamo riž, zavremo. Ugasnemo in pustimo riž pokrito stati približno 15 minut.
3. Še vročemu rižu dodamo kis s sladkorjem, tofu in rdeče zelje, premešamo, razporedimo po pekaču in pustimo, da se ohladi.
4. Riž odstranite v pribl. 8 enakih delov, vsakega oblikujte v kroglice in jih najbolje oblikujte s pekačem za onigiri.
5. Okrog dna onigirija položite nori pravokotnik, ga razporedite po krožniku in postrezite onigiri z rdečim zeljem in dimljenim tofujem s sojino omako, če želite.

57. Yaki-Tori (piščančja nabodala na žaru)

sestavine

- 400 g razrahljanih piščančjih beder
- 2 palčki pora (tanki)
- 200 ml piščančje juhe
- 120 ml Jap. sojina omaka
- 2 žlici sladkorja

priprava

1. Za yaki tori osem lesenih nabodal čez noč namočite v vodo.
2. Piščanca narežemo na manjše kocke ali kose (približno 2,5 cm). Por operemo in narežemo na 3 cm dolge kose.

3. Piščančjo juho s sojino omako in sladkorjem na močnem ognju na kratko zavremo. Zdaj na vsako nabodalo izmenično nataknemo piščančje kocke in por. Nabodala pomočimo v omako, odcedimo in položimo na segreto žar ploščo.

4. Pecite na žaru do zlato rjave barve na obeh straneh. Medtem nabodala yaki-tori vedno znova premažite z omako.

58. Različice sušija in makija

sestavine

Za osnovni recept za riž:

- 500 g riža za suši
- 2 žlici riževega kisa
- 1 čajna žlička sladkorja
- 1 žlica soli

Za klasični nigiri z lososom:

- Wasabi
- Za tunin maki:
- Yaki nori list
- Wasabi

- tuna

Za California Roll:

- Wasabi
- kumare
- avokado
- kozice
- Sezamova semena (popečena)

Za ročni zvitek z ribjo ikro:

- Yaki nori list
- Wasabi
- Ribje ikre
- limona

priprava

1. Za različice sušija in makija najprej pripravite riž.
2. Za suši riž riž oplaknemo in pustimo stati 1 uro, nato dodamo riž z enako količino vode in kuhamo na visoki temperaturi. Nato pokrijte in preklopite temperaturo nazaj na srednjo.
3. Ko postane površina riža vidna v loncu, preklopite nazaj na najnižjo nastavitev. Ko voda izhlapi, ponovno segrevajte 1 minuto,

nato riž odstavite s štedilnika in pustite, da izpareva 15 minut pri zaprti pokrovki.

4. Za marinado zmešamo rižev kis, sladkor in sol ter v pekaču primešamo še toplemu dolgozrnatemu rižu. Pustite, da se malo ohladi, vendar ga ne postavite v hladilnik, sicer bo riž postal trd.

5. Za klasični lososov nigiri z mokro roko oblikujte majhne kroglice iz riža za suši in jih pritisnite. Premažite z wasabijem. Na vrh položite veliko rezino lososa. Opozorilo: sušija nikoli ne naredite prevelikega, da ga lahko uživate v enem grižljaju.

6. Za tunin maki položite list yaki nori na bambusovo preprogo. Pokrijte s tanko plastjo dolgozrnatega riža. Premažite z malo wasabija. Na vrh položimo vrsto ozkih trakov tune. Zvijte z bambusovo podlogo in narežite zvitek na rezine, da naredite majhen maki.

7. Za California Roll pokrijte bambusovo podlogo s folijo za živila. Na vrh položite tanko plast riža. Premažite z wasabijem. Na sredino položite po 1 trak kumare, avokada in kozic. Zvijemo z bambusovo blazino in končano rolado povaljamo v praženem sezamu. Narežemo na majhne rezine.

8. Za ročno rolado z ribjo ikro položite žlico riža na list yaki nori. List zvijte kot vrečko. Na riž namažite nekaj vasabija in napolnite z ribjimi ikrami (losos, postrv itd.). Okrasite z majhnim koščkom limone.

59. Maki s tuno, avokadom in šitakami

sestavine

Za riž:

- 400 g Sushi Journey
- 650 ml vode iz pipe
- 1 1/2 žlice riževega kisa
- sol
- sladkor

Za pokrivanje:

- Tuna (narezana na drobne palčke)
- Wasabi pasta
- 4 rezine nori

- Šitake (posušene, namočene)
- 2 kosa avokada (tanko narezan, pokapan z limoninim sokom)

priprava

1. Za maki s tuno, avokadom in šitakami najprej pripravimo suši riž. To naredite tako, da riž temeljito sperite s hladno in pustite, da se odcedi v cedilu približno 30 minut.

2. V kozici z vodo iz pipe in malo soli na visoki temperaturi zavremo riž in na štedilniku minuto kuhamo ob brbotanju. Lonec zapremo in riž na najnižji temperaturi dušimo 15 minut.

3. Z leseno lopatko vmešajte rižev kis. Lopato držite diagonalno in vzdolžno, da riža ne premešate dobro, ampak ga režete kot s kuhinjskim nožem. Tako ostane bolj zrnat kot pri običajnem mešanju. Naj se ohladi.

4. Medtem pripravite bambusovo podlogo. Na vrh položite nori list. Nato po vrhu na tanko razporedimo riž. Po vrhu razporedite nekaj wasabija. Na vrhu eno vrstico s tuno, avokadom in šitakami. Zvijte z bambusovo podlogo.

5. Za serviranje z ostrim kuhinjskim nožem narežemo na rezine, da dobijo maki s tuno, avokadom in šitakami značilno obliko in velikost.

60. Maki z lososom, kumaro in avokadom

sestavine

- 400 g riža za suši (glej povezavo v besedilu)
- 3 nori listi
- Za kritje:
- 200 g lososa (svežega)
- 200 g avokada (ne premehkega)
- 200 g kumar
- Wasabi

priprava

1. Za maki z lososom, kumaro in avokadom najprej pripravimo suši riž po osnovnem receptu. Lososa, kumaro in avokado narežemo na tanke trakove.

2. Vsak list nori položite na podlogo iz ličja, nanj na tanko položite riž, po vrhu potresite nekaj wasabija in v vrsto položite trakove lososa, kumare in avokado. Zvijte s podlogo.

3. Z ostrim kuhinjskim nožem narežemo na rezine in maki z lososom, kumaro in avokadom položimo na krožnik.

61. Maki s kozicami, kumarami in šitakami

sestavine

- Riž za suši (glej povezavo v besedilu)
- kumare
- Kozice (npr. Ama Ebi)
- Šitake (posušene)
- 3 nori listi
- Wasabi

priprava

1. Za maki s kozicami, kumaricami in šitakami najprej pripravimo suši riž po osnovnem receptu.
2. Šitake namočimo v vodi in jih nato narežemo na trakove. Kumari odstranimo sredico in jo

narežemo na 1/2 cm debele trakove. Tudi kozice narežemo na trakove.

3. Najprej položite nori list na bambusovo preprogo. Po vrhu na tanko razporedimo riž, en rob pustimo prost. Postavite vrsto s kozicami, kumaricami in šitakami. Zvijte s pomočjo bambusove podloge in jo trdno potolčite.

4. Zvitke diagonalno narežemo na 3 do 4 enake kose in maki postrežemo s kozicami, kumaro in šitakami.

62. Bučkin parmezan čips

sestavine

- 2-3 kosi bučke (oprane, narezane na 1 cm debele rezine)
- morska sol
- Poper iz mlinčka)
- Rastlinsko olje (za globoko cvrtje)
- Za panierja:
- 2 kos. Lastniki
- 120 g panko
- 60 g moke (univerzalne)
- 60 g parmezana (drobno naribanega)

priprava

1. Za bučkin čips s parmezanom začinite rezine bučk z morsko soljo in poprom.
2. Zmešamo panko in nariban parmezan, jajca stepemo.
3. Rezine bučk obrnemo v moko, jih prevlečemo s stepenim jajcem in paniramo v mešanici panko-parmezan.
4. Pečemo v vroči maščobi pri 170–180 °C, dokler ne postane hrustljava in zlato zapečena.
5. Bučkin parmezanov čips je najbolje postreči svež!

63. Japonska pajčevina

sestavine

- 5-6 vejic japonskega zelja
- 2 korenčka (velika)
- 4 - 5 žlic stepene smetane
- 1 žlica masla
- 1 čajna žlička zeliščne soli
- poper (malo)

priprava

1. Za stebla japonskega zelja olupimo liste in jih damo v cedilo. Pecelj operemo in narežemo na 5 mm velike kose. Liste

operemo in narežemo na drobne rezance. Korenje narežemo.

2. Maslo segrejemo, na kocke narezano korenje in na kocke narezano japonsko zelje prepražimo in rahlo prepražimo, prilijemo stepeno smetano in 125 ml vode, začinimo in dušimo približno 5 minut.

3. Dodamo nasekljane liste in kuhamo še 2 minuti.

64. Maki suši s tuno in kumaro

sestavine

- 1 kos kumare (100 g)
- 100 gramov tune (zelo sveže)
- 3 nori (posušene morske alge)
- 1 Recept za suši riž (osnovni recept za suši riž)
- 2 žlici wasabija (pasta iz zelenega hrena)

priprava

5. Kumaro olupimo in po dolgem prerežemo na pol. Z žlico odstranimo semena in kumaro vzdolžno narežemo na trakove. Tuno

narežemo na približno 5 mm debele trakove. Nori liste razpolovite.

Roll sushi:

6. To naredite tako, da na bambusovo preprogo položite živilsko folijo in nanjo polovico nori lista. Roke navlažite z vodo. Na nori list razporedite nekaj riža za suši skoraj 1 cm visoko, pri čemer pustite 1 cm prostega na vrhu. Riža ne pritiskajte premočno. Na spodnjo tretjino lista položimo tanek trak vasabija (pozor, zelo je pekoč!). Na vrh položite kumaro ali tuno.

7. S pomočjo bambusove podloge previdno zvijte nadev z nori listom, okoli zvitka ovijte živilsko folijo. Pritisnite zvitek na svoje mesto s podlogo. Zavitek z rokami nekoliko plosko pritisnite na eni dolgi strani, da bodo zvitki kasneje dobili obliko solze.)

8. Naredite še 5 zvitkov, kot je opisano. Zvitke z ostrim nožem, ki ga večkrat pomočimo v hladno vodo, razrežemo na 8 enakih kosov.

65. Ura Makis Avokado

Sestavine

- 2 avokada (zrela)
- 250 g riža (sushi riž, kratkozrnati riž)
- 1 žlica riževega kisa
- 3 listi nori (morske alge)
- 1 čajna žlička soli
- 1 čajna žlička sladkorja

priprava

1. Za avokado Ura Makis najprej operite surov riž pod tekočo vodo, dokler voda ne odteče.

Riž kuhamo na majhnem ognju 12 minut. Kuhan riž pustite 10 minut, da se ohladi na ravnem krožniku.

2. Rižev kis zmešamo s soljo in sladkorjem ter pokapljamo riž. Dobro premešajte z leseno kuhalnico.

3. Riž razdelite na 6 enakih delov in en del enakomerno porazdelite po bambusovi podlogi. Sedaj položite list norija s svetlečo stranjo navzdol in po njem razporedite še en kos riža, tu pustite 2 cm prosta.

4. Avokado olupimo, odstranimo koščico in narežemo na široke trakove. Na sredino prve tretjine riža položimo 2-3 trakove (odvisno od dolžine). Zdaj valjajte z enakomernim pritiskom, s pomočjo bambusove podloge, od zgoraj navzdol.

5. Ura Maki Avokado narežemo z ostrim nožem na 1,5 cm široke trakove.

66. sladko kisla juha

sestavine

- 150 g piščančjih prsi (ali 1 pločevinka tune)
- 1-2 l piščančje juhe
- 1/2 čajne žličke soli
- 2 žlici sojine omake
- 1 žlica kisa
- 1 kečap
- 1 pest smrčkov
- 1 pest gob šitake
- 2 vozička
- 2 žlici arašidovega olja
- 3 žlice škroba

priprava

1. Za juho dan prej pripravimo piščančjo juho ali pa v vroči vodi raztopimo 2 kokošji jušni kocki.
2. Piščanca na drobno narežemo in zmešamo z marinado iz sojine omake, soli, kisa in kečapa. Pustite, da se strmi vsaj 30 minut.
3. Smrčke in gobe šitake sesekljamo, korenje pa naribamo. V voku segrejte arašidovo olje in v njem popečete piščanca.
4. Deglazirajte s toplo piščančjo juho in zavrite. Dodamo korenje, smrčke in gobe šitake ter dušimo.
5. Škrob raztopimo v 5 žlicah tople vode in počasi vmešamo v juho. Ponovno zavremo. V skledo stepemo jajca in jih dobro stepemo.
6. Zdaj v vročo juho z jedilno žlico na hitro dodajte jajčno zmes – delajte krožne gibe, da se jajce dobro porazdeli.
7. Po okusu začinimo s soljo, poprom in sladkorjem.

67. Wok zelenjava z mesom

sestavine

- 400 g svinjine
- 580 g pražene zelenjave (iglu)
- 6 žlic repičnega olja
- majaron
- timijan
- sol
- poper

priprava

1. Za praženo zelenjavo z mesom najprej narežemo svinjino in jo namočimo v mešanico repičnega olja, soli, popra, majarona in

timijana. Pustite stati vsaj 3 ure, najbolje čez noč.

2. Svinjino damo v vok brez dodatnega olja in pražimo, da se segreje. Dodamo zelenjavo iz voka in počakamo, da voda izhlapi.

3. Nato vse skupaj ponovno prepražimo. Pražena zelenjava z mesom je okusna tudi s soljo in poprom ter postrežena.

68. Tuna s čilijem

sestavine

- 180 g fileja tune (sveže)
- 1 čili paprika
- 1 strok česna
- 50 g fižolovih kalčkov
- 50 g lečinih kalčkov
- 2 mladi čebuli
- 1 žlica čilijeve omake
- 1 žlica ostrigine omake
- 1 žlica sojine omake
- 1 ščepec koruznega škroba
- sol
- poper

- Sezamovo olje (za cvrtje)

priprava

1. Tunin file narežemo na 2 cm velike kocke. Čili po dolžini razpolovimo, odstranimo sredico in drobno sesekljamo strok česna. Mlado čebulo drobno sesekljajte. V ponvi iz voka segrejte nekaj sezamovega olja. Dodajte mlado čebulo, čili in česen ter jih prepražite. Dodamo kalčke in vse skupaj posolimo in popopramo. Na koncu začinimo s čilijevo omako. Zelenjavo ponovno vzemite ven in jo postavite na toplo. Zdaj ponev za vok obrišemo s kuhinjskim papirjem. Ponovno segrejemo nekaj sezamovega olja in z vseh strani na kratko popečemo kocke tune (v notranjosti morajo biti še sočne). Medtem zmešajte ostrigino omako, sojino omako, koruzni škrob in približno 2 žlici vode. To pikantno omako prelijemo po tunini. Kalčke pekočega čilija razporedimo po krožnikih in nanje položimo kocke tune.

69. Tempura iz lososa in zelenjave

sestavine

- 150 g fileja lososa
- 150 g zelenjave (po želji - mlada čebula, kuhan krompir..)
- 50 g moke za tempuro (na voljo v Asia Shop)
- 80 ml mineralne vode (hladne)
- malo soli
- Olje za cvrtje)
- sojina omaka
- Wasabikren pasta (in ingver kot okras)

priprava

1. Lososa narežemo na trakove 5 x 2 cm. Zelenjavo narežemo na grižljaje ali trakove. Z metlico zmešamo gladko testo za tempuro iz moke, mineralne vode in ščepca soli. V primerni ponvi ali voku segrejemo olje. Kose lososa in zelenjavo potegnite skozi testo in jih na zelo močnem ognju (cca. 180 °C) približno pol minute pražite v maščobi. (Nikoli ne dodajajte preveč ocvrtega naenkrat, raje delajte v nekaj porcijah, da se olje ne ohladi.) Končano tempuro odstranite, dobro odcedite na kuhinjskem papirju in postrezite s sojino omako, wasabijem in vloženim ingverjem.

70. Japonska solata z rezanci

sestavine

- 2 lista kitajskega zelja
- 5 mladih čebulic (od njih zelena)
- 1 korenček (blanširan)
- 250 kg testenin (po vaši izbiri)
- 3 rezine šunke (kuhane)
- 1/2 kumare (olupljene)

omaka:

- 3 žlice sojine omake Tamari
- 2 žlici sladkorja
- 5 žlic piščančje juhe
- 1 čajna žlička wasabija (hren v prahu)

- 1 žlička sezamovega olja
- 3 žlice riževega vinskega kisa

Omleta:

- 2 jajci
- 1 žlica vode
- 1 čajna žlička koruznega škroba

priprava

2. Za japonsko solato z rezanci raztopite sladkor v kisu. Zmešamo z ostalimi sestavinami omake.
3. V zmes za omleto zmešamo 2 stepeni jajci, žlico vode in 1 čajno žličko koruze ter jo prepražimo v ponvi na malo olja. Nato narežemo na trakove.
4. Vse ostale sestavine narežemo na majhne koščke. Liste korenčka in kitajskega zelja odstavimo, ostalo stresemo v solatno skledo.
5. Testenine skuhamo do mehkega in nazadnje dodamo zelje in korenje.
6. Precedite in na kratko sperite s hladno vodo. Dodamo v solatno skledo in mariniramo z omako. Pustite, da se solata z japonskimi rezanci prepoji in postrezite.

RECEPTI ZA JUHE

71. Miso juha s šitaki gobami

sestavine

- 3 shiitake gobe (posušene)
- 8 g wakame (posušen)
- 1200 ml vode (za juho)
- 3 žlice miso paste
- 115 g tofuja (grobo narezanega)
- 1 mlada čebula (samo zelena)

priprava

1. Za miso juho s šitake gobami najprej posušene gobe in algo wakame ločeno za 20 minut postavite v toplo vodo in nato odcedite. Narežemo na tanke rezine.

2. Zavremo vodo, vanjo vmešamo miso pasto, dodamo gobe in na majhnem ognju dušimo 5 minut.

3. Tofu in alge enakomerno porazdelite po 4 ogretih jušnih skodelicah, napolnite z miso juho s šitake gobami in po mizi potresite mlado čebulo.

72. Veganska miso juha

sestavine

- 1 liter zelenjavne juhe
- 4 žličke miso paste (lahke)
- 6 šitake gob
- 1/2 žlice sezamovega olja
- 1 žlica sojine omake
- 1/2 čajne žličke ingverja v prahu
- 150 g tofuja
- 1 žlica wakame

priprava

1. Za vegansko miso juho namočite alge wakama za 15 minut in jih dobro odcedite. Gobe shitake narežite na majhne koščke in jih v ponvi zmešajte z zelenjavno juho, sezamovim oljem, sojino omako in ingverjem. Juha naj vre 5 minut.

2. Wakameae in tofu narežite na majhne koščke in dodajte v ponev. Juho odstavite z ognja in vanjo vmešajte miso pasto. Vegansko miso juho postrezite.

73. Ramenska juha s hrenom

sestavine

- ½ palčke Allium (por)
- 1 čebula
- 2 stroka česna
- 80 gramov ingverja (svežega)
- 2 žlici olja
- 1 svinjska kolenica
- 1 kilogram piščančjih kril
- sol
- 2 kosa (alga kombu; posušena alga; Asia shop)
- 30 gramov posušene šitake
- 1 šopek mlade čebule
- 2 žlici sezamovih semen (svetlih)

- 1 list nori
- 6 jajc
- 300 gramov ramen rezancev
- 50 gramov misa (lahkega)
- 2 žlici mirina (japonsko belo vino)
- 65 gramov hrena
- Sezamovo olje (popečeno)

priprava

1. Por očistimo in operemo ter narežemo na večje kose. Čebulo in česen olupimo, čebulo narežemo na četrtine. 60 g ingverja operemo in narežemo na rezine. V ponvi segrejemo olje. V njem na močnem ognju svetlo rjavo prepražimo por, čebulo, česen in ingver.

2. Prepraženo zelenjavo z oprano svinjsko kolenico in piščančjimi peruti damo v večjo ponev in zalijemo s 3,5 litra vode. Vse skupaj počasi zavremo in na majhnem ognju brez pokrova dušimo približno 3 ure. Posnemite dvigajočo se peno. Po 2 urah juho začinimo s soljo.

3. Juho skozi gosto cedilo prelijemo v drugo ponev (približno 2,5–3 l). Mogoče juho malo razmastimo. Alge kombu obrišite z vlažno

krpo. V vročo juho dodajte gobe šitake in algo kombu ter pustite stati 30 minut.

4. Svinjski krač odstranimo s kože, maščobe in kosti ter ga narežemo na grižljaj velike kose. Za juho ne uporabljajte piščančjih perut (glejte nasvet).

5. Preostali ingver olupimo in narežemo na tanke trakove. Mlado čebulo očistimo in operemo, narežemo na drobne kolobarje in damo v hladno vodo. Sezamova semena prepražimo v suhi ponvi do svetlo rjave barve. Nori alge na četrtine narežemo, na kratko popečemo v suhi ponvi in narežemo na zelo drobne trakove. Jajca poberemo, kuhamo v vreli vodi 6 minut, speremo s hladno vodo, previdno olupimo. Testenine kuhamo v vreli vodi 3 minute, stresemo v cedilo, na kratko splaknemo s hladno, nato odcedimo.

6. Odstranite gobe in kombinirane alge iz juhe. Gobam odstranimo peclje, klobuke gob drobno nasekljamo, kombiniranih alg ne uporabljajmo več. Juho segrejte (ne zavrite). Primešamo miso pasto in mirin, dodamo sesekljane gobe šitake. Mlado čebulo odcedimo v cedilu. Hren olupimo.

7. Juho razdelite v sklede. Vanj damo svinjsko kolenico, rezance, razpolovljena jajca, sezamova semena, ingver, mlado čebulo in nori alge. Postrezite z veliko sveže naribanega hrena in sezamovega olja.

74. Tofu miso juha z rezanci soba

sestavine

- Soba (soba rezanci: špageti iz ajde in pšenice)
- 2 žlički sezamovega olja (praženega)
- 1 žlica sezamovih semen
- 4 mlade čebule
- 2 mini kumari
- 100 gramov špinačnih listov
- 200 gramov tofuja
- 1¼ litra zelenjavne juhe
- 1 košček ingverja (cca. 20 g)
- 2 žlički (instant alge wakame)

- 2½ žlici Shiro miso (pasta iz ekološkega ali azijskega trga)
- Listi koriandra (za okras)

priprava

1. Rezance soba skuhajte po navodilih na embalaži. Prelijemo v cedilo, dobro odcedimo in zmešamo s sezamovim oljem. Sezamova semena prepražimo v ponvi proti prijemanju do zlato rjave barve. Odstavimo s štedilnika in pustimo, da se ohladi.

2. Mlado čebulo očistimo in operemo, bele in svetlo zelene dele narežemo na drobne kolobarje. Kumare operemo in narežemo na približno 3 cm dolge palčke. Špinačo razvrstite, operite in otresite do suhega ter ji odstranite grobe peclje. Tofu osušite in narežite na 2 cm velike kocke.

3. V kozici zavremo juho. Ingver olupimo in narežemo na rezine, dodamo v juho z algami in pustimo vreti približno 2 minuti. Zmešajte miso pasto s 5 žlicami vode do gladkega, dodajte juhi in pustite vreti še 5 minut. Nato v juho dodamo tofu, mlado čebulo in kumare ter zavremo.

4. Za serviranje operite koriander in otresite do suhega. Rezance soba in špinačo razporedite v sklede ali skodelice in jih prelijte z vrelo juho. Po vrhu raztresemo pražena sezamova semena in liste koriandra. Postrezite takoj.

75. Japonska juha

- **sestavine**
- Po možnosti 2 žlici posušene morske alge (wakame)
- 50 g šitake gob ali po možnosti šampinjonov
- 1 korenček (velik)
- 1 čebula (majhna)
- 100 g pora
- 2,5 žličke Dashi-no-moto (japonska ribja juha v prahu, A Laden; ali instant goveja juha)
- 3 žlice lahke sojine omake (Usukuchi)
- 1 čajna žlička soli
- 2 jajci

priprava

1. Alge vsaj 2 uri namočimo v hladno vodo, jih previdno iztisnemo in odrežemo.

2. Gobe natrgamo in narežemo na tanke rezine, korenje olupimo, narežemo na palčke.

3. Čebulo olupimo in narežemo na pol kolobarje, por očistimo, prerežemo na pol in najprej na 3 cm dolge kose, nato na trakove.

4. Prašek za ribjo juho vmešajte v 1,1 litra vrele vode, dodajte sojino omako in sol. V juhi približno 2 minuti pražimo zelenjavo.

5. Jajca vmešamo in počasi v tankem curku (z višine cca. 40 cm) vlijemo v juho. Pustimo stati 1 minuto in juho damo na mizo.

76. Japonska gobova juha z rezanci

sestavine

- 1200 ml juhe Dashi
- 1 žlica mirina; ali zaradi
- 1 žlica surovega sladkorja
- 1 kos ingverja (svež, nariban)
- sojina omaka; po potrebi

Vložek:

- 350 g Zelo fini kitajski jajčni rezanci, npr. ramen
- 3 drobne mlade čebule
- 1 kumara iz proste reje (majhna)

- 100 g Enoki gob
- 100 g zelo majhnih gob ostrig
- 50 g špinače (listi)
- 150 gramov tofuja; narežemo na trakove ali kocke

priprava

1. Poskusite to okusno jed s testeninami:
2. Pustimo, da juha zavre, začinimo s sladkorjem, riževim vinom, ingverjem in sojino omako. Testenine na kratko skuhamo v vreli slani vodi do al dente, jih odcedimo in enakomerno porazdelimo v jušne sklede.
3. Mlado čebulo nasekljamo, kumaro olupimo, prerežemo na pol, ji odstranimo sredico in narežemo na ozke trakove. Gobe enakomerno porazdelite po pekačih.
4. Zalijemo z vročo juho. Postrezite.

77. Japonska solata z rezanci

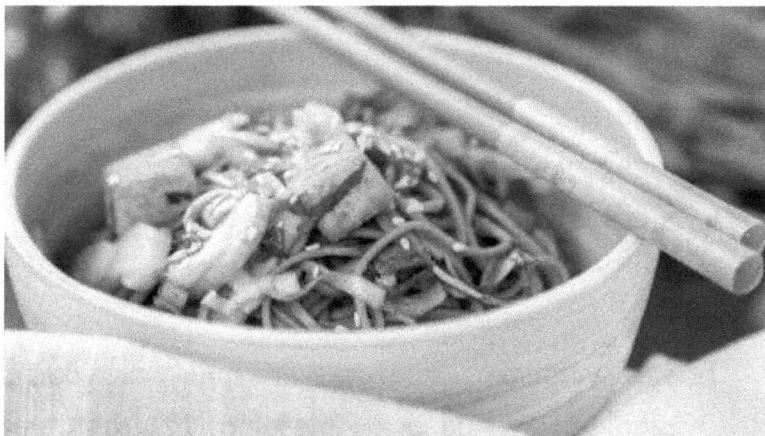

sestavine

- 2 lista kitajskega zelja
- 5 mladih čebulic (od njih zelena)
- 1 korenček (blanširan)
- 250 kg testenin (po vaši izbiri)
- 3 rezine šunke (kuhane)
- 1/2 kumare (olupljene)

omaka:

- 3 žlice sojine omake Tamari
- 2 žlici sladkorja
- 5 žlic piščančje juhe
- 1 čajna žlička wasabija (hren v prahu)
- 1 žlička sezamovega olja

- 3 žlice riževega vinskega kisa

Omleta:

- 2 jajci
- 1 žlica vode
- 1 čajna žlička koruznega škroba

priprava

1. Za japonsko solato z rezanci raztopite sladkor v kisu. Zmešamo z ostalimi sestavinami omake.
2. V zmes za omleto zmešamo 2 stepeni jajci, žlico vode in 1 čajno žličko koruze ter jo prepražimo v ponvi na malo olja. Nato narežemo na trakove.
3. Vse ostale sestavine narežemo na majhne koščke. Liste korenčka in kitajskega zelja odstavimo, ostalo stresemo v solatno skledo.
4. Testenine skuhamo do mehkega in nazadnje dodamo zelje in korenje.
5. Precedite in na kratko sperite s hladno vodo. Dodamo v solatno skledo in mariniramo z omako. Pustite, da se solata z japonskimi rezanci prepoji in postrezite.

78. sladko kisla juha

sestavine

- 150 g piščančjih prsi (ali 1 pločevinka tune)
- 1-2 l piščančje juhe
- 1/2 čajne žličke soli
- 2 žlici sojine omake
- 1 žlica kisa
- 1 kečap
- 1 pest smrčkov
- 1 pest gob šitake
- 2 vozička
- 2 žlici arašidovega olja
- 3 žlice škroba

priprava

1. Za juho dan prej pripravimo piščančjo juho ali pa v vroči vodi raztopimo 2 kokošji jušni kocki.
2. Piščanca na drobno narežemo in zmešamo z marinado iz sojine omake, soli, kisa in kečapa. Pustite, da se strmi vsaj 30 minut.
3. Smrčke in gobe šitake sesekljamo, korenje pa naribamo. V voku segrejte arašidovo olje in v njem popečete piščanca.
4. Deglazirajte s toplo piščančjo juho in zavrite. Dodamo korenje, smrčke in gobe šitake ter dušimo.
5. Škrob raztopimo v 5 žlicah tople vode in počasi vmešamo v juho. Ponovno zavremo. V skledo stepemo jajca in jih dobro stepemo.
6. Zdaj v vročo juho z jedilno žlico na hitro dodajte jajčno zmes – delajte krožne gibe, da se jajce dobro porazdeli.
7. Po okusu začinimo s soljo, poprom in sladkorjem.

79. Japonska zelenjavna juha

sestavine

- 8 gob (velikih)
- 125 g fižolovih kalčkov
- 250 g bambusovih poganjkov
- 100 g špinače
- 3 jajca
- 800 ml piščančje juhe

priprava

1. Recept za fižol za vsak okus:
2. Gobe očistimo, oplaknemo in odcedimo. Narežemo na majhne rezine.

3. Fižolove kalčke in bambusove poganjke stresemo v cedilo in dobro odcedimo.
4. Bambusove poganjke narežite na ozke trakove.
5. Špinačo poberemo, operemo in prav tako narežemo na trakove.
6. Zelenjavo enakomerno porazdelite po 4 skodelicah za juho, primernih za pečico.
7. Juho zmešamo z jajci in prelijemo čez zelenjavo.
8. Skodelice zapremo z aluminijasto folijo, jih postavimo v pekač pečice in prelijemo z vrelo vodo.
9. Postavimo na segret štedilnik (E: 175 °C) in kuhamo približno pol ure.
10. Odstranite in prinesite na mizo na mestu.
11. Če ne marate bambusovih poganjkov, lahko uporabite tudi trakove kitajskega zelja.

80. Japonska juha z morskimi algami

sestavine

- 1000 ml zelenjavne juhe
- 80 ml sojine omake
- 1 karavan; 10x10 cm pike (posušene rjave alge)
- 20 g palamidovih kosmičev
- 10 shiitake gob (svežih)
- 20 g gob Mu-Err
- 150 g tempeha
- 30 g wakame

priprava

1. Za osnovno juho mešanico na kratko postrgamo z mokro skledo in jo v hladni zelenjavni jušni posodi skupaj s palamidovimi kosmiči segrejemo do vrenja. Čisto juho odstavimo z ognja in jo prelijemo skozi gosto cedilo. Ne nadaljujte z uporabo kombuja in palamide.

2. Ta osnovni material je na voljo tudi kot končni izdelek. Nato se imenuje Dashi-no-Moto in se zmeša le v vodi.

3. Gobe mu-err namočite v hladno vodo, gobe shii-take in tempeh pa narežite na kocke. V bistri juhi pogrejte gobe Shii Take, gobe Mu Err, tempeh in wakame ter jih vroče dajte na mizo.

MESNI RECEPTI

81. Goveji in čebulni zvitki

sestavine

- 4 rezine (rezine) zrezka (tanek kot oblat ali goveja pečenka ali goveji file)
- 4 mlade čebule
- 1 čajna žlička sladkorja
- 2 žlički sojine omake
- Ingver (sveže sesekljan)
- 1 žlička šerija

- Olje (za cvrtje)

priprava

1. Za goveje in čebulne zvitke najprej po dolgem narežemo mlado čebulo na trakove. Nanj položimo meso, pokrijemo s trakovi mlade čebule in tesno zvijemo.
2. Za marinado zmešamo sojino omako, sladkor, malo ingverja in šeri.
3. Vstavite mesne zvitke in marinirajte približno 30 minut.
4. Nato izvlecite goveje in čebulne zvitke na žaru ali v ponvi (z malo segretega olja) približno 3 minute na obeh straneh do zlato rjave barve.

82. Glaziran piščanec s sezamom

sestavina

- 1 kg piščančjih krač
- 50 g ingverja
- 1 strok česna
- 100 ml Mirin (sladko riževo vino; alternativa šeri)
- 100 ml sojine omake (japonska)
- 2 žlici sladkorja
- sol
- 2 žlici sezamovega olja

priprava

1. Za piščanca s sezamom piščančje krače operemo, če smo kupili cele piščančje krače pa jih prerežemo na pol.
2. Ingverju odstranimo lupino in ga naribamo. Olupite in pretlačite česen. Zmešajte 1 1/2 žličke ingverja in česna s sladkorjem, sojino omako, mirinom, ščepcem soli in nekaj kapljicami sezamovega olja. Meso damo v marinado tako, da je dobro prekrito z vseh strani. Pokrijte in pustite stati v hladilniku vsaj 3 ure, najbolje eno noč.
3. Meso vzamemo iz marinade in pustimo, da se dobro odcedi. Na segretem olju rjavo popečemo z obeh strani. Odlijemo olje in meso prelijemo z marinado. V zaprti ponvi na nizki temperaturi dušimo 20 minut.
4. Meso pražimo v odprti ponvi še 5 minut, da omaka postane sirupasta. Piščanca s sezamom potem najbolje postrežemo s skledo riža.

83. Japonska svinjska pečenka

sestavine

- 600 g svinjine (pleče ali krače)
- sol
- Seme kumine
- 50 g maščobe
- 10 gramov moke
- 1 čebula (narezana)
- 50 g zelene (narezane)
- 1 žlica gorčice
- vodo

priprava

1. Za japonsko pečenko na vroči maščobi prepražimo čebulo in zeleno. Meso natremo s

kumino in soljo, položimo na zelenjavo in oboje popečemo.

2. Po 1/2 ure prelijemo z vodo. Malo kasneje dodajte gorčico. Nazadnje sok potresemo, zavremo in precedimo. Postrezite japonsko svinjsko pečenko.

84. Goveje rulade z mladim korenčkom

sestavine

- 500 g govedine (zelo tanko narezane)
- 24 mladih korenčkov (ali 1 1/2 korenčka)
- sol
- koruzni škrob
- 1 žlica mirina
- 1 žlica pripravka sojine omake
- poper

priprava

1. Za goveje zvitke v skledi zmešamo mirin in sojino omako. Korenje narežite na četrtine in ga postavite v mikrovalovno posodo z vodo.

2. Kuhajte v mikrovalovni pečici 3-4 minute. Goveje meso solimo in popramo ter 2 na četrtine narezana korenčka razvaljamo vsakega na 1 rezino. Končane zvitke obrnemo v koruzni škrob.

3. V ponvi segrejemo olje in na njem popečemo zvitke. Prelijemo z omako in pustimo, da se zgosti. Postrežemo goveje zvitke z rižem ali solato.

85. Azijski rezanci z govedino

sestavine

- 200 g udon rezancev
- 300 g govedine
- 1 por (por)
- 1 žlica sojine omake
- 1 limeta
- 1 čajna žlička čilija (mletega)
- 3 žlice sezamovega olja (za cvrtje)
- 50 g fižolovih kalčkov

priprava

1. Za azijske rezance z govedino skuhajte rezance po navodilih na embalaži.
2. Por drobno sesekljamo, govedino pa na kocke. Olje segrejemo in na njem prepražimo por in govedino.
3. Dodamo fižolove kalčke, limetin sok, čilijeve kosmiče in sojino omako ter pražimo še 2 minuti.
4. Azijske rezance z govedino združimo in postrežemo.

86. Wok zelenjava z mesom

sestavine

- 400 g svinjine
- 580 g pražene zelenjave (iglu)
- 6 žlic repičnega olja
- majaron
- timijan
- sol
- poper

priprava

1. Za praženo zelenjavo z mesom najprej narežemo svinjino in jo namočimo v mešanico repičnega olja, soli, popra, majarona in

timijana. Pustite stati vsaj 3 ure, najbolje čez noč.

2. Svinjino damo v vok brez dodatnega olja in pražimo, da se segreje. Dodamo zelenjavo iz voka in počakamo, da voda izhlapi.

3. Nato vse skupaj ponovno prepražimo. Pražena zelenjava z mesom je okusna tudi s soljo in poprom ter postrežena.

87. Japonski BBQ svinjski trebuh

sestavine

- 400 g svinjskega trebuha (tanko narezanega)
- 1/4 čebule
- 1 kos ingverja (majhen)
- 1 mlada čebula
- 2 stroka česna (stisnjena)
- 2 čilija (posušena)
- 2 žlici sakeja
- 2 žlici sojine omake
- 1 1/2 žlica medu
- 1/2 kečapa
- 1 žlica sezamovih semen (popečenih)
- poper

priprava

1. Za japonski BBQ svinjski trebuh naribajte čebulo in ingver v skledo.
2. Mlado čebulo sesekljamo in vse sestavine zmešamo v marinado. Svinjski trebuh namočite v marinadi 1 uro. Svinjski trebuh na žaru popečemo na obeh straneh, da postane hrustljav.
3. Postrezite japonski BBQ svinjski trebuh.

88. Japonska rezervna rebra

sestavine

- 1 kg zarebrnic
- 1 skodelica (skodelice) sojine omake
- 1 skodelica mirina
- 1/2 skodelice (s) sladkorja
- 1/4 skodelice korejske paste iz pekoče paprike (Sun Kochuchang)
- 6 strokov česna (stisnjen)
- 2 žlici sezamovega olja
- 1 žlica sezamovih semen
- 1 mlada čebula

priprava

1. Za japonska rebra zmešajte vse sestavine v skledi. Pustite, da se rebra čez noč namakajo v marinadi.
2. Pečemo sočno na žaru.

89. Sobski rezanci s piščancem

sestavine

- 250 g soba rezancev (japonski rezanci)
- 1 čajna žlička ingverjevega soka (svežega)
- 200 g piščančjih prsi
- 140 g mlade čebule
- 2 žlici arašidovega olja
- 400 ml Ichiban Dashi (osnovna juha)
- 140 ml sojine omake (pekel)
- 1 žlica mirina
- 2 žlici nori alg
- 2 žlici Katsuo-Bushi (posušeni kosmiči palamide)
- 1 žlica sezama (popečenega)

priprava

1. Za soba noodle s piščancem rezance najprej skuhamo v slani vodi do al dente, nato jih odcedimo in splaknemo z vročo vodo. Odtok. Uporabite jih čim prej, sicer bodo nabreknile in izgubile moč.

2. Piščanca narežemo na za prst debele trakove in pokapljamo z ingverjevim sokom. Na segreto olje damo drobno sesekljano čebulo. Napihnite dashi z mirinom in sojino omako. Primešamo odcejene testenine.

3. Rezance enakomerno porazdelimo po skledicah, obložimo z mešanico mesa in čebule, potresemo z drobno sesekljanimi algami, palamidovimi ostružki in sezamom. Prinesite na mizo rezance soba s piščancem.

90. Testenine z govedino in zelenjavo

sestavine

- 10 g gob Mu-Err
- sol
- 250 gramov govejega mesa; ali svinjina, Ge
- 300 g mešane zelenjave (npr. por, korenje)
- 100 g sojinih sadik
- 2 žlici arašidovega olja
- 1 žlica ingverja (zelo drobno sesekljanega)
- 2 stroka česna
- 400 g kitajskih rezancev
- sol
- 250 ml piščančje juhe
- 1 čajna žlička koruznega škroba
- 2 žlici sakeja (ali suhega šerija)

- 2 žlici sojine omake
- 1 ščepec Sambal Ölek

priprava

1. Testenine so vedno okusne!
2. Gobe namočimo v vodi. Testenine skuhamo v rahlo osoljeni vodi. Meso narežemo na tanke, majhne rezine. Zelenjavo očistimo in po možnosti narežemo na trakove. Fižolove kalčke blanširajte (poparite) v cedilu z vrelo vodo.
3. V večji ponvi ali voku segrejte 1 žlico olja. Vlijemo meso in ga med stalnim obračanjem na hitro popražimo. Vzemite ven in postavite na stran.
4. V ponev vlijemo preostalo olje. Zelenjavo, odcejene sojine sadike, gobe, ingverjevo korenino in stisnjen česen med mešanjem na kratko prepražimo z 2 ščepcema soli. Odstranite iz pekača in dodajte k mesu.
5. Vse sestavine za omako zmešamo, dodamo v ponev ali morda vok ponev in med mešanjem premešamo. Po potrebi začinimo. Zelenjavo in popečeno meso zmešamo s pekočo omako. Ne delaj tega več.

6. Na odcejene testenine položimo meso in zelenjavo z omako.

PERUTNINA

sestavine

- 200 g yaki udon (debeli pšenični rezanci)
- 300 g mešane zelenjave za praženje
- 200 g fileja piščančjih prsi
- 1 žlička sezamovega olja
- 4 žlice sončničnega olja
- 1/2 žličke česnovega čilija (česen pomešan s sesekljanim čilijem)
- 1 kos (2 cm) svežega ingverja

- 2 žlici sojine omake
- 1 žlica sladkorja
- 1 čajna žlička sezamovih semen za okras

priprava

1. Za yaki udon zavrite veliko vode in v njej približno 5 minut kuhajte rezance. Precedimo, splaknemo v hladni vodi in odcedimo.

2. Piščančji file in očiščeno zelenjavo narežemo na za prst široke trakove, ingver sesekljamo.

3. Segrejte vok ali težko ponev, vlijte sezamovo in sončnično olje ter segrejte. V njem prepražimo trakove zelenjave in mesa. Dodamo česnov čili, sladkor, sojino omako in ingver ter pražimo 3 minute. Dodamo testenine in prav tako na kratko popražimo.

4. Jaki udon razporedite v sklede in pred serviranjem potresite s sezamom.

92. Čili piščančja riževa ponev

sestavine

- 8 piščančjih krač (majhnih)
- 1 zavitek hrustljavih piščančjih nog Knorr Basis
- 1 kocka bistre juhe Knorr
- 200 g Basmati Journey
- 4 paradižniki (majhni)
- 2 žlici paprike v prahu
- 2 žlici paradižnikove paste
- 1 kos Paprika (rdeča)
- Čili (za začimbo)

- Peteršilj (svež)

priprava

1. Za chilli chicken rice pan pripravimo piščančje krače na osnovi KNORR po navodilih na embalaži.
2. Medtem v ponvi popečemo riž brez dodajanja maščobe. Deglazirajte s trikratno količino vode in zavrite s papriko v prahu, paradižnikovo pasto in jušno kocko. Čili piščančja riževa ponev dušite toliko časa, da se riž zmehča.
3. V vmesnem času papriko in paradižnik narežemo na večje kose in dodamo k piščancu. Kuhan riž zmešamo s členki in postrežemo s peteršiljem.

93. Piščanec v začinjenem pinjencu

sestavine

- 500 g piščanca (palčke ali peruti)
- 150 ml pinjenca
- 4 stroki česna (stisnjeni)
- 1 čili (drobno sesekljan)
- 1 žlica limoninega soka
- sol
- poper
- 3 žlice moke (zvrhane)

priprava

1. Za piščanca v pikantnem pinjencu sestavine za marinado dobro premešamo in vanjo za približno 1 uro namočimo kose piščanca. Moko in piščanca dobro stresite v vrečko, ki jo je mogoče zapreti.

2. Pečemo v veliko vročega sončničnega olja pri 170 °C približno 8 minut. Ko so zlato rumeni, jih poberemo iz maščobe in pustimo, da se na kuhinjskem papirju na kratko odcedijo.

3. Končnega piščanca pred serviranjem pokapajte s svežim limoninim sokom v začinjenem pinjencu.

94. Piščančje krače s paradižnikom

sestavine

- 4 piščančje noge
- 50 g prekajene slanine (za žvečenje)
- sol
- poper
- 100 g Thea
- 1 čebula (sesekljana)
- 100 g Zellerja (naribanega)
- 3 kosi paradižnika
- 1 žlica moke (gladke)
- 1/2 šopka peteršilja (sesekljan)

priprava

1. Za piščančje krače s paradižnikom, piščančje krače namažemo s slanino, začinimo s soljo in poprom ter popečemo na vroči THEA.

2. Dodamo čebulo in klet ter na kratko popražimo. Paradižnik poparimo v malo slani vodi, precedimo in dodamo piščančjim kračam. Na nizki temperaturi dušimo 35 minut, da se meso zmehča.

3. Sok potresemo z moko, ponovno zavremo in postrežemo piščančje krače s paradižniki, posutimi s peteršiljem.

95. Piščančji file v aromatični omaki

sestavine

- 200 g tofuja (trd: majhne kocke)
- Olje (za cvrtje)
- 15 g shitake gob (posušenih)
- 200 ml zelenjavne osnove
- 6 žlic paradižnika (pasiranega)
- 4 žlice srednje velikega šerija
- 3 žlice sojine omake
- 1 čajna žlička ingverja (svežega, sesekljanega)
- 1 čajna žlička medu
- Čili v prahu
- 2 žlici olja

- 1 strok česna (drobno sesekljan)
- 200 g piščančjih prsi (tanki trakovi)
- sol
- 1 čajna žlička koruznega škroba
- 3 žlice. Voda (hladna)
- 1 korenček (fini svinčniki)
- 80 g fižolovih kalčkov
- 2 mladi čebuli (fini obročki)

priprava

1. Tofu osušimo in prepražimo na olju do zlato rjave barve. Če želite odstraniti odvečno maščobo, kocke tofuja za kratek čas položite v vročo vodo, jih odcedite in obrišite. Posušene gobe oplaknemo, prelijemo z vrelo vodo in pustimo nabrekati 1 uro. Gobe odcedimo, odcedimo in narežemo na tanke rezine. Za aromatično omako zmešajte zelenjavno osnovo, paradižnikovo omako, srednji šeri, sojino omako, ingver, med in ščepec čilija. V voku ali ponvi proti prijemanju segrejte 1 žlico olja. Na njem med mešanjem za trenutek prepražimo česen in piščanca ter rahlo solimo. Zmešajte gobe. Primešamo aromatično omako in kocke tofuja. Vse skupaj pokrito dušimo 10 minut.

Koruzni škrob zmešajte s 3 žlicami hladne vode do gladkega, premešajte in za trenutek pokuhajte, da se omaka zgosti. Proti koncu kuhanja v premazani ponvi ali voku segrejte 1 žlico olja. Na njem med mešanjem za trenutek prepražimo korenje, rahlo solimo. Primešamo kalčke in mlado čebulo ter med mešanjem na kratko popražimo. Korenje, kalčke in mlado čebulo zmešamo s tofujem in piščancem v aromatično omako.

96. Soba rezanci s piščancem

sestavine

- 250 g soba rezancev (japonski rezanci)
- 1 čajna žlička ingverjevega soka (svežega)
- 200 g piščančjih prsi
- 140 g mlade čebule
- 2 žlici arašidovega olja
- 400 ml Ichiban Dashi (osnovna juha)
- 140 ml sojine omake (pekel)
- 1 žlica mirina
- 2 žlici nori alg
- 2 žlici Katsuo-Bushi (posušeni kosmiči palamide)
- 1 žlica sezama (popečenega)

priprava

1. Za soba noodle s piščancem rezance najprej skuhamo v slani vodi do al dente, nato jih odcedimo in splaknemo z vročo vodo. Odtok. Uporabite jih čim prej, sicer bodo nabreknile in izgubile moč.

2. Piščanca narežemo na za prst debele trakove in pokapljamo z ingverjevim sokom. Na segreto olje damo drobno sesekljano čebulo. Napihnite dashi z mirinom in sojino omako. Primešamo odcejene testenine.

3. Rezance enakomerno porazdelimo po skledicah, obložimo z mešanico mesa in čebule, potresemo z drobno sesekljanimi algami, palamidovimi ostružki in sezamom. Prinesite na mizo rezance soba s piščancem.

97. Soba rezanci

sestavine

- 250 g soba rezancev (japonski ajdovi rezanci)
- 140 g mlade čebule
- 400 ml Ichiban Dashi (juha, japonska)
- 1 čajna žlička ingverjevega soka (svežega)
- 200 g piščanca (prsi)
- 2 žlici Katsuo-Bushi (posušeni kosmiči palamide)
- 1 žlica sezama (popečenega)
- 2 žlici arašidovega olja
- 1 žlica mirina
- 2 žlici nori alg
- 140 ml sojine omake (pekel)

priprava

1. Za soba rezance jih skuhamo v slani vodi do al dente, precedimo in splaknemo z vročo vodo. Odtok.
2. Piščanca narežemo na za prst debele trakove in pokapamo z ingverjevim sokom. Na segretem olju prepražimo drobno sesekljano čebulo in piščanca.
3. Dashi s sojino omako in mirinom zavremo. Primešamo odcejene špagete.
4. Rezance soba postrezite posute s piščancem, drobno sesekljanimi algami, sezamom in ostružki palamide.

98. Ocvrte račje prsi

sestavine

- 2 fileja račjih prsi
- 3 šalotke (lahko tudi več)
- 1 ingverjeva korenina, približno 5 centimetrov
- 1 pomaranča (neobdelana)
- 1 mlada čebula
- 1 rdeča paprika čili, blaga
- 2 žlici sezamovega olja
- 2 žlici rastlinskega olja
- 1 ščepec cimeta
- 75 ml piščančje juhe

- 1 žlica medu
- 2 žlici sakeja (japonsko riževo vino) (lahko tudi več)
- 2 žlici sojine omake
- poper (sveže mlet)

priprava

1. Fileje račjih prsi oplaknemo in osušimo ter diagonalno narežemo na 1 cm debele rezine.
2. Šalotko olupimo in drobno narežemo. Ingver olupimo in naribamo.
3. Pomarančo temeljito sperite, olupite lupino ali olupite lupino in iz nje iztisnite sok. Belo in svetlo zeleno mlado čebulo narežemo na zelo ozke kolobarje. Čili razpolovite in izrežite sredico ter narežite na tanke trakove.
4. Segrejemo ponev ali po potrebi vok, dodamo olja in močno segrejemo. Kose race med mešanjem pražimo tri do štiri minute. Dodamo šalotko in ingver ter pražimo še dve minuti.
5. Prilijemo pomarančni sok, cimet, pomarančno lupinico, sake, piščančjo juho, med, sojino omako in čili ter med nenehnim mešanjem kuhamo na visoki temperaturi. Dobro

začinimo s sojino omako in sveže mletim poprom.

6. Dolgozrnati riž zložimo na krožnik in na mizo prinesemo račje prsi, posute s kolobarji mlade čebule.

7. Zraven se odlično poda basmati riž.

99. Solata s piščančjimi prsi in zelenimi šparglji

sestavine

- 2 piščančji prsi
- 3 žlice sojine omake
- 3 žlice sakeja (riževo vino) ali šerija
- 250 ml piščančje juhe
- 200 g špargljev
- sol
- 2 jajci
- 1 žlica sezamovega olja
- 3 žlice arašidovega olja
- Solatni listi
- 1 čajna žlička lahkega misa (fižolova pasta)

- 0,5 žličke wasabija (pikanten hren v prahu)
- 1 čajna žlička riževega kisa
- sladkor

priprava

1. Meso natremo z žlico sojine omake in sakeja ter mariniramo pol ure.
2. Prelijemo v ponev z vrelo bistro juho in rahlo dušimo pet do osem minut na nizki temperaturi. Ohladimo v omaki.
3. Olupljene šparglje poševno narežemo na pet centimetrov dolge kose. Kuhajte v slanem kropu približno pet minut, da postane hrustljava, le vršičke kuhajte dve minuti.
4. Jajca zmešajte z žlico sojine omake, sakejem in sezamovim oljem. V ponvi, premazani z arašidovim oljem, na nizki temperaturi spečemo skoraj prosojne omlete. Zložite jih izmenično s solatnimi listi in zvijte, diagonalno narežite na tanke trakove.
5. Zmešajte dve žlici arašidovega olja, eno žlico sojine omake, eno žlico vasabija v prahu, miso, sake in nekaj kapljic bistre juhe v kremasto vinaigrette. Začinimo s kisom in sladkorjem.

6. Piščanca narežite na majhne rezine, zmešajte s šparglji in lističi omlete, postrezite z vinaigrette in postrezite.

100. Yakitori

sestavine

- 8 žlic japonske sojine omake
- 8 žlic mirina
- 2 rezini naribanega ingverja
- Nabodala za nakovalo
- 400 g piščanca

priprava

1. 2 rezini ingverja, nariban, stisnjen
2. Piščanca oplaknemo, osušimo in narežemo na majhne kocke (cca 2 cm dolžine roba). Iz sojine omake, mirina (sladkega riževega vina) in ingverjevega soka naredimo marinado, v kateri meso počiva približno pol ure.

ZAKLJUČEK

Japonski recepti ponujajo čudovito paleto vegetarijanskih in nevegetarijanskih možnosti, zato morate vsaj enkrat v življenju poskusiti to izvrstno kuhinjo.

Milton Keynes UK
Ingram Content Group UK Ltd.
UKHW030744121124
451094UK00013B/981

9 781836 871620